U0933404

心向大海的鱼

涸泽之鱼

向往江河湖海　向往万尺深蓝

肖萌◎著

燕山大学出版社

图书在版编目（CIP）数据

心向大海的鱼 / 肖萌著. —秦皇岛：燕山大学出版社，2017. 5
ISBN 978-7-81142-383-9

Ⅰ. ①心… Ⅱ. ①肖… Ⅲ. ①散文集－中国－当代 Ⅳ. ①I267

中国版本图书馆 CIP 数据核字（2017）第 000491 号

心向大海的鱼

肖萌　著

责任编辑：孙志强
封面题字：周　博
封面设计：方志强
出版发行：燕山大学出版社 YANSHAN UNIVERSITY PRESS
地　　址：河北省秦皇岛市河北大街西段 438 号
邮政编码：066004
电　　话：0335-8387555
印　　刷：三河市祥达印刷包装有限公司
经　　销：全国新华书店

开　　本：700mm×1000mm　1/16　　印　　张：15　　字　　数：194 千字
版　　次：2017 年 5 月第 1 版　　印　　次：2017 年 5 月第 1 次印刷
书　　号：ISBN 978-7-81142-383-9
定　　价：38.00 元

版权所有　侵权必究
如发生印刷、装订质量问题，读者可与出版社联系调换
联系电话：0335-8387718

或近或远的阅读
（代序）

红 孩

肖萌散文集的书名——“心向大海的鱼”很有海洋气息。

鱼和大海都富有灵性，它们在文人笔下既是地理性的物质，更是精神性的意象。中国文化浩瀚如海，文学世界广袤无垠。有文心的人潜心苦学，历练修为，方能洞察其中气象。

创作需要传统文化浸润，也需要匠人精神打造。从《心向大海的鱼》字里行间，我看到肖萌虔诚习作的态度。正像她自己所说：“写作是件神圣的事情。寻得文学的常道必是要探索智者最深远的慧心，追求文神最深刻的真诚。”“写作不是娱人，也不是悦己，它是一个人孤独地奔跑，是一条鱼不停地游动。”信手翻阅此集，诗词歌赋信手拈来，人文艺术触类旁通，字斟句酌随处可见，让我们强烈感受到，肖萌对创作的勤勉好学、精益求精。就像她所自喻的斗尺鱼缸中的小鱼，向着万尺深蓝，奋不顾身地游去。《心向大海的鱼》无疑是条有精神追求的、有文学信仰的鱼。游是她的使命，泳是她的人生。

女性写散文有先天的不足，就是题材往往过于窄小。但肖萌不同，大概是由于她出身于记者，又做过人文节目的编导，涉猎的地区、人群比较广、眼界比较宽，所以这就给她题材的选择上提供了更多可能。肖萌的写作题材很宽阔。不论是身边见闻、人生阅历还是旅游出行以及读书思考，都可以跃然纸上。我觉得，一个成熟的写作者就应该是个杂家，像个大师名厨，不管现有预备的什么食材，只要有客人需求，就可以游刃有余，眨眼间给你呈上一桌像样的酒菜。我个人喜欢这种随机应变、见招拆招的从容处理，因为从古至今，没有人规定，什么可以写进散文，什么不可以写进散文。只要能表达自己的情感、思想，适合自己的语言节奏，心性抒发，你就可以勇敢地下笔。与此同时，从文体形式上看，肖萌的散文创作既有抒情性的作品，也有叙事性和议论性的作品，在这些风格各异的文体形式中，也随之呈现出多样性的艺术美学风貌。《心向大海的鱼》无疑是条自由摆尾的、大胆游泳的鱼。

作家不是生活的记录者，而是生活的提升者。我以为，作家要善于驾驭各种题材，更要善于提炼各种题材的思想价值。我常把散文写作比喻成参禅，高明的人可以修行出其中的禅意。散文就是一个寻找和发现别人没有形成事实的思想，如果能做到这一点你就是高人，你就容易让别人跟你产生共鸣。散文要学会冲破一般套路，寻找卓尔不群的表达方式，呈现独特的视野和感知，用真挚的情感感染人，用深邃的思想打动人，用真诚的叙述感动人。这些都需要作家要有善于从微小事物中悟出生活本质、形成自己思想的能力。这些提炼出来的真知灼见是从事文学创作所必须具备的。肖萌显然已经具备了这个能力，这从她对父亲的锄头、对拉萨的阳光、对泰国人妖的描写中已经让我强烈地感受到。《心向大海的鱼》是条爱思考的、有领悟的鱼。

写作不是“中国式心机”的产物。从诞生的那一天起，它就是用来怡情养性的。它不必依据入世的哲学进行讨好、谄媚或辱骂。文学如果凭借某些入世的“丰富经验”进行创作，也许能看到些许“美妙绝伦”的情景，但文学的真意必不是此情此景。幸运的是，肖萌的文字清楚而干净，丝毫没有沾染“长袖善舞”的时世恶习，而是在无处不在的利益旋涡里“独善其身”。就像肖萌在《心向大海的鱼》一文中所言，“我想说，我从来没有，也永远不会凭借入世的哲学来指导写作，那不是我落笔的初衷”。她用实际的文字于现世的心机划清了界限，她不是经验丰富的资源整合者，不是嗅觉灵敏的功利感知者，更不是运筹帷幄的时势分析者。她虽然是一名普通的女性，却也是一名拒绝物化和同化，谋求精神纯净、人格独立、心性自由的文学爱好者。从这一点来说，《心向大海的鱼》是一条不入潮流的、特立独行的鱼。

肖萌的文字稍显不足的就是在结构的严谨和语言的凝练方面，还有很多需要提升的空间。不管怎么讲，经由这本书的出版，我相信肖萌会在诸多的不确定中找到自己的确定性。这是我所愿意看到的。至于从确定性到非确定性，更是我所期盼的。这或许需要很长的时间，我愿意与肖萌一起等待一条鱼的成长。

近几年，我一直致力于中国海洋文学的鼓与呼。秦皇岛北戴河是一片人文资源丰富、内涵蕴藉深厚的海。在此，我也希望这条鱼能够游向中国海洋文学的汪洋大海，在那里畅游、撒欢，折腾个不亦乐乎。

2017 年 1 月 8 日 于北京西坝河

（红孩，中国散文学会常务副会长，散文家、文艺评论家）

目　录

第一章　物　　华

沙起成藤

梦想

匍匐为马　弯曲为缰

鱼跃成翔

跨越

山之阻隔　水之路长

向着大海

和比大海更广阔的日月华光

随处有物华

一

国人惯以事物风华说事。挥毫泼墨、书文吟歌，无不借取物之光华、景之精髓提笔入怀。千百年来，这一传统从未改变。自是深受历史和民族的影响，更多的是东方审美习惯、儒家思想的内在传承使然。从古至今，中国文人的笔下从来没有少过情丝轻染，衷肠倾诉。因为在他们的眼中，总有水墨丹青绘制；在他们笔下，总有轻歌吟咏；在他们的心中，总有锦绣华彩浮动。

沧海桑田，世事变迁，唯美景与芳华留存于心，亘久不变。

世间万物自由更迭，有常轮回。人之性情悲喜相生，千般萦绕。柳梢泛黄时春息渐醒，心思波动；层林尽染日秋霜露重，愁绪渐浓。

花非花，月非月，风花雪月皆是我情思所寄，情感所化，万千气象皆载我情丝所语，度我情意所牵。一切景语皆情语。由我而生，看万物皆著我一方色彩，得我一方神情。可谓是天地在我心，我心生万物。

三千多年前，中国最早的诗歌总集《诗经》开创了 “赋”“比”“兴”的表现手法。“赋”描摹叙事，荡气回肠；“比”借物言志，含蓄隽永；“兴”触物发咏，自然流淌。后人继承“赋”的直陈叙述，直达描写的至

高境界，运用“比”和“兴”的铺垫烘托，直攀动情言意的至顶高峰。

国人深受儒家文化的影响，做人做事积极入世，志在博取功名，又不喜过分张扬，情感的表达趋向含蓄低婉。“比”“兴”之法符合国人心性，以间接为主，寓情感于形象之中。“我”的情感时而流露，时而含蓄，蕴藉委婉，意味深长，似乎更合拍东方人的表达习惯。因而“比”“兴”手法源远流长，世代开创，深深地烙印在几千年的文化传承中。

传诵至今的中国古典文化，从力道和劲道无不体现了对他物起“比”、发“兴”的完美运用。

东方的建筑艺术审美讲究隐而不发，含而不露。描物、诉状、达情不喜直白，开门见山固然浅显易懂，但曲径通幽似乎更是曼妙有趣。就像中国古典庭园建筑，进门必是个龙凤牡丹之类的雕花屏风，大家之风、大气之势横亘而出。之后，随蜿蜒的回廊渐入腹地，才见亭台楼阁掩映，一片花红柳绿，篱笆稀疏。径深之处方显风光无限、清幽格雅之微妙。

中国画在世界美术领域独树一帜，自成体系。它不拘泥于描摹物体外表的具象肖似，而是讲求“以形写神”，追求一种“妙在似与不似之间”的感觉。国人给这种妙不可言的感觉叫作“意境”。尤其是国画以绢和宣纸作画，有益于突出意韵。点化惜墨如金，酣畅淋漓。用笔变化无穷，线条飘逸。敷色天然润成，经久不变。自由挥洒诸多表现形式，浑然天成一派自然、深沉、淡雅的意境。若再辅以“诗、书、画、印”的完美结合，构成了一个意犹未尽、妙趣横生的奇绝境界。只要你有足够的想象力，可见天地万物，戏走游龙般横生于方寸之地；宇宙乾坤，万马奔腾般驰骋在笔墨之间。形色音象，饱收眼底。

中国的古典文学概亦如此，睹物思人，见景生情，寓情于景。以景传情、以物达意是国人始终遵循的艺术表达方式。

“我”的身影多藏在春风秋月、虫啾鸟鸣、星移斗转之中。移步换景，每一处都是“我”的情怀，每一地都有“我”的境界，每一方都是“我”的倾诉。“我”的情感隐匿在自然万物里、驻足在风花雪月间，如一叶轻舟，随流水般律动的文字恣意前行。而要想达到情景交融、物我两忘、天人合一的境界，最重要的是对景物环境的创造和表述、发现与融入，这一功夫非一时一事之事，需要的是更多的留心、细心和用心。

二

王国维在《人间词话》中提出，行文贵在有境。“境非独谓景物也，喜怒哀乐，亦人心中之一境界。故能写真景物、真感情者，谓之有境界。”景物，随处可见；七情六欲，人之常情。如果不能让二者契合，也不会出现意境深远、回味无穷的佳作。众所周知，景物分为“有我”之境和“无我”之境，但无论是哪一种，只要你能巧妙地运用艺术表现手法，都能起到传情达意、增强艺术表现力的作用。每日每时，心事杂陈、五味俱在。与之花开花落，随之喜忧变换，境态不同，视界不同也。

元好问的“寒波澹澹起，白鸟悠悠下”被推崇为 “无我”之境的佳作。“无我”是对客观景物的实写描摹，有点像西方文学史上左拉所倡导的自然主义手法，对所见所闻客观描述。“水波”“白鸟”是客观存在的景色，从客观的角度书写景物，情景再现。表面看来，“我”杳无踪影，其实，“我”隐藏在文字的背后。“真我”并不轻易被发现，而“真我”的情感——对画境中闲致生活的向往和热爱，早已通过对景物的描写跃然纸上。元好问“写境”的功夫了得，由此可见一斑。

“有我”的景物描写往往掺杂我的情感，喜怒哀乐溢于言表。另一位文学家欧阳修在《蝶恋花》中写道：“泪眼问花花不语，乱红飞过秋千处。”我们似乎看到，诗人站立在花前，对它倾诉衷肠，花儿不予理睬，飞过秋千飘零而去，心中暗自神伤。衷情之人报以无情的冷漠也罢，连飞花也如此抛弃“我”，怎能不让人伤心欲绝啊！虽然这句是以“我”的视角写景状物，物中有“我”的主观色彩，但没有一处的境象描写是缀笔，没有一点的景物描摹是虚张。不难想象，“泪眼问花”这一境象掺杂了诗人多少丰富的情感，烘托了多少悲戚郁结的情怀。这种借物来烘托 、反衬人物主观感情的写法，正是《诗经》流传下来的“比”和“兴”手法的完美体现、灵活运用、经典传承，为整首诗增添了无可比拟的艺术表现力，也是 “有我”之境的创作典范。

文中 “无我”之境，多为静中所得，在静中观察思考，品景察人，多清淡雅致之味。如马致远的《天净沙·秋思》用“枯藤老树昏鸦”等短短的 28 个字把深秋的悲思清浅地描绘出来； “有我”之境多为闹中所得， “我”参与其中，充沛表达，性情激昂。如辛稼轩的《青玉案》“众里寻他千百度，蓦然回首，那人却在灯火阑珊处” 。火树银花的夜晚，佳人芳踪难寻，“我”焦急地四下找寻，蓦然转身，伊人含笑婷婷，早已玉立等待，“我”的焦急和不胜欣喜无以言表。

“无我”之境并非单纯写景，“有我”之境也不是只写喜怒哀乐。所谓的借景抒情，融情于景，无不是文学意义上的含蓄表达。就像说桃为“红鱼”，月为“桂影”，是为了避免直白生硬，但如果非要将天下景物取了 “代字”，就有点流于矫情和粉饰，著文工词的痕迹也过浓，不为大家所推崇。

古人为文，抒情议论，无论是“有我”还是“无我”的境界，都气象万千，后人没有理由否定哪一种。因为他们都可以写出“真我”的境界。但真正能够写出情景交融、物我两忘的作品，首先需要超越凡俗的气质，需要大胆创新的为学精神，更需要舍“小我”取“大我”的大度情怀。

三

宋代诗人张道洽在诗中曰：“到处皆诗境，随时有物华。”诗意人生、锦绣世界还在于你用什么样的哲学精神映照它。你的心就是世界的景物，你的眼就是世界的滤镜。以何物着笔即能映射何种世界。哲学上有很多关于心性的说法。儿时我们的目光柔软，身心纯净，视万物均为喜乐、优安、平和之态，尽管恶象与丑态还如从前般偏安于世。那时的我们却对此视而不见，万物在我们心中可爱如一只幼兽，憨态可掬。长大后我们的眼神变得挑剔尖刻，待事多含警惕、怀疑、忧虑之状。了然万物不如从前般地道、悠然、善良，真诚与美好常常忽略不计，一切在我们眼里都像只狡猾的老狐狸。其实，花还是花，月还是月，世界还是世界，是我们自己让一切物是人非。

抛开事物本身和喻比的意义不说，单说我们心中的执念，不同的心性自然映照出不同的世界。世界再华美，你若心中无章，自然也就见不到锦绣的一面。佛家、儒家对心的修行提出了不同的诠释。佛家讲究积德行善，历练心性。儒家讲究的是“内圣外王”，修齐治平。“内圣外王”之学的重在“内圣”，由“内圣”的追求道德修养、人格典范作基础，通向“外王”——一个人在社会中的世俗功利。

孔老夫子深感“知其不可而为之”，非是一朝一夕、一朝一代的事情，更是趋向于一种理想的至圣境界。社会越是急功近利、激烈竞争，人们越是怀疑仁义忠信。就像战国时期孟子所处的时代，各家学派都对儒家群起而攻之。墨家说儒家的礼乐纷繁复杂，不学也罢；道家骂儒家是祭奠死人时用草扎的狗，一次性的，用过之后应该扔进灶台；法家说儒家的仁政好比过家家时用泥巴做的饭菜，不能当真；纵横家说儒家的忠义之信约束自己还行，却防备不了被别人欺骗，不能应对俗世。孟子此时横空出世，他四处游说，宣讲布政仁德，开拓性地提出“仁政”“性本善”的儒家思想，力挽狂澜。社会越是充满活力、躁动不安，越需要稳定、安静、善良的内心，孟子此论虽然“迂阔而远于事情”，但最终为世人理解并被后世儒家奉为人生理想和社会担当，深深影响着中国文人的内心修为，更影响着他们的外达世界。

万事万念均是从内心生长出嫩芽和枝杈。苏轼是兼具儒、释、道精神的一代文豪，关于他和高僧佛印的一次参禅斗法的趣事，似乎说明了由心而发看事物的天壤之别。有一次苏轼问佛印：“你看看我像什么啊？”佛印说：“我看你像尊佛。”苏轼却对佛印说：“我看你像一摊牛粪。”苏

小妹知道此事后点拨哥哥说：“参禅的人最讲究的是见心见性，你心中有什么眼中就有什么。佛印说看你像尊佛，那说明他心中有尊佛；你说佛印像牛粪，想想你心里有什么吧！”

诸人像“佛”、像“粪”，仁者见仁，智者见智，但心性的幻境映射出我们真实的眼中世界。世界从来都是丑陋和美好的双生。此刻，是“佛”还是“粪”的区别就在于你心中所生长的种子是什么样的。

时光流转，万物死生常在。悠然世界，皆是物华天宝。苍茫宇宙，自有风华绝代，举世无双。天地嫣然一片，风景根植在“我”心，“我”心生得山色常青。此时，“物”，必是豁然一新、沁人心脾；“心”，必是真挚纯净、再无旁骛。一切均无矫揉造作之态，无忸怩生涩之情。此生唯有“物”“心”关照，契阔莫逆，才能生出大开大阖、气象万千之锦绣芳华世界！

桃 之 夭 夭

一

自然界的万物有其自然秉性。如一粒沙、一棵松，一朵云、一池水，它们以自己的性情存在于世间，有着自己的语意和魂魄。尤其是一株株会开花的植物，华彩更是了得。它们生活在我们的周围，使命唯一，就是努力把自己塑造得更有模样、更有价值、更有灵气。

常常观察一株桃，不说娇艳欲滴的花朵，单说青皮包裹的枝杈，弯曲盘亘，纵横交错，妖娆生态。不是谄媚扭曲，而是水到渠成，玉树临风。每当温暖的季节来临，最先展现在面前的春妍永远是枝头上那一朵粉白相间的祥云。

人间三月，春音徐来。北方的桃听从自然的呼唤，急急吐出花苞，再慢慢生出嫩叶。特别是仅供小区绿化用的观赏性看桃。刚一嗅到春天的味道，就迫不及待地在光秃秃的枝条上挤满粉色的花束。像是个怀着春心的少女，遇到倾心的男子，急于把想表白的心事一股脑地倾吐出来，直爽的性格让你忍不住会认为她是个假小子。她傻傻地站在你面前，不着粉饰，一脸青涩，呆呆地看着心上人，急着等对方表态。

如果每一株植物都有自己的宿主，我相信桃花应该是不施粉黛却万众

瞩目的花中女神，是不折不扣的花中仙子。

我探访过很多以桃花命名的景区，多少都与桃花有关。

舟山有个如仙境般的岛名为“桃花岛”。岛上的桃花像被道士施了法，朵朵清脱雅致，株株俊拔挺阔，仙风道骨的样子。《射雕英雄传》中性格超脱的黄蓉、本真率直的郭靖再加上特立独行的黄老邪，就生活在这个远离人间烟火的地方。想想他们哪一个是凡俗之人，由岛上倾城独立的桃花和他们为伴是再合适不过的！

开在北京平谷县的桃花，几十里连成一片，宛若朝霞璀璨的桃花海。新开发的乘机空中俯瞰桃花海，居然乘机观赏15分钟之内景致都不重复。成片的桃花手挽着手，肩并着肩，就像上海外滩人头攒动的恋人，无处不是欲言又止的激动和满怀欣喜的期待。那壮观的桃花海就是情人间说也说不完的情话，甜蜜又绵长。

陕西吉县壶口镇黄河夹岸的桃花，如果不到现场观看，你根本体会不出景致的奇绝。一边是汹涌怒号的黄河春汛，气贯长虹，如千军万马咆哮而去；一边是两岸悄然横空的万亩桃花，柔情似水，如千朵烟霞漫山遍野，浑然一片。阴阳相对，刚柔兼济，眼前的一切仿佛美丽贤淑的少妇守着阳刚坚毅、脾气暴烈的硬汉，却依然故我地淡定从容。一并的壮观，混沌的震撼，泛滥般的造化神奇。动静相宜，魂魄洞出，让人连声赞叹大自然的妙笔生花。

天津北运河畔的桃花，低首肃穆，中间插种着柳树和槐树，但桃树从不像柳树那么搔首弄姿，也不像槐树那么招蜂惹蝶，就那么静静地守在春光里，像颇有风度的大将军，经历沧桑世事后，任时光翻转、岁月穿梭，我自岿然不动。

最让我难忘的还是湖北孝感市杨店镇的桃花。它们生在一个个古朴的小院落中，风姿绰约，独木成林。古镇的清雅显出桃花的清丽不俗。轻风拂过，诗书成行。一个温婉女子在悠远的古韵琴声中吟咏“孤帆远影碧空尽，唯见长江天际流”，画面蕴藉而又美好，让人怎能遗忘，不思量？

自此，你是不是觉得一株桃是如此的可人？若婉约美女，撑着纸伞，雨巷中低眉回首，留下一段意味深长的诗行。

二

我的故乡在宽阔平坦的辽西平原，颗粒饱满的北方沙土，湿润温和的气候非常适合桃树生长，桃自古就在那里扎下了根。

沿袭祖辈的习惯，村子里家家都种桃树，是远近有名的“桃李之乡”。童年的记忆模糊有限，但寻着淡淡的桃花香可以追寻过去。

都说“君子食无求饱”。我从小就不是一个君子胚子，是个典型的小吃货。小时候没零食可吃，来自于天然植物的果实——毛桃是不可多得的美味。二姑家的表弟擅长爬树，不等桃子熟了，他就会在第一时间爬上村头的老桃树，摘下毛茸茸的青桃分给在树下等不及了的小伙伴们。拂去桃毛，三口两口，毛桃就被伙伴们塞进了肚。青毛扎嘴，味道苦中带涩，酸脆中略有清香，甚至我们连桃核也不放过。

说到这棵老桃树，不光结满让我们垂涎三尺的果实，还蕴含着神奇的法力。据村里的老者说，有它长在村子，好风水就住在村子。记得有一年，这棵老桃树遭到雷劈，起了火。扑灭火后，全村的人都认为不吉利的事要发生了，纷纷来给老桃树系上红绳子。还在老桃树边修了个土地庙，续上了香火。不过也许真是桃树显灵，这些年村子里一直平平安安，聚富加喜，添子增寿，鲜有灾难降临。这大概就是神树保佑吧！

为了讨个吉利，每年秋天，有点迷信的二姑都特意寻得老树的果子。不为别的，只为吃下果肉后，小心翼翼地将桃核保存下来，然后请会雕刻的、村东头的表二爷给刻个小物件，邮寄给早已离开村庄来到城市的我。这是她每年秋天的惯例。也是她迎接秋天的一个仪式。可是就在十年前，我再也没收到这份特别的礼物了。原来，二姑从表二爷家回去的路上，因车祸不幸离开了我们。据说，她当时手里还紧紧地握着请表二爷精心雕刻的桃核物件。今天，那颗物件一直挂在我书房的墙上，我经常端详着它发呆。粗糙的桃核表面并不能看清是个什么图案，猪？猴？抑或是一条小鱼？我揣摩不出结果，但我知道那上面刻满姑姑的祝福，写满来自故乡最长情的思念。在那里可以寻见童年里追寻过的花蝴蝶、摔过的黑泥巴和偷吃过的青毛桃。

我曾经在故乡的村子里上过一年小学。我总是想起教一年级的张老师。每日清晨，炊烟刚起，张老师就要从村东走到村西。路过有学龄儿童的家门口，并不推门，只是用洪亮的声音呼唤孩子的名字："二小，该上学去了！""胖丫，走喽，上学去了！""铁蛋，今天别迟到了！"等我背着布袋书包、手里拿块玉米饼从家跑出来，他早已消失在路拐角他家的桃树林中，身后是纷飞的桃花飘落。村子里的小学就在他自己栽种的桃树林旁边。春天来的时候，一院子的桃树正在抽芽开花，我们为数不多的几个学生由他领着坐在桃树下读书、唱歌、背古诗。正在地里忙着耕种的村里人用怪异的眼神看着我们，"之乎者也""咿咿呀呀"地读书，能对地里玉米、大豆的长势有何用处？张老师并不管那些，一边吸着东北乡村特有的烟袋锅子，一边带领我们对着桃花咏诵："子在川上曰：逝者如斯夫……"

时光荏苒，岁月匆匆，一切都已随风飘去。二年级还没读完，我就来到城里的姥姥家。长大后，我再次回到故乡，听说张老师因病已经不能教书了。他一直鳏居，少见有亲人到他家走动，且不常与外人来往。倒是有些学生在城里工作，回到村里时常去看望他。我回老家的次数不多，几次路过他家，我透过不高不矮的栅栏门向院子里望。院里的玉米长势良好，桃花依然盛开。堆在院子里的用于盖房的砖瓦挡住了我的视线，让人看不清屋子里是否有人。我在迟疑中遏制了敲门的欲望。其实我是非常想看看他，不知道他是否一切安好。我在他家的院子里放了些蜂蜜、牛奶等补品悄悄地离开了。

是一个孤寂的乡野村夫，是一位普通的农村教师，让我最初体会到知识的甜蜜，让我嗅到文字的芳香。时隔多年，无论攀过多少高山，穿越多少河流，我都会在一只蜂的引领下寻得那片桃花林的芬芳，那芬芳里有我剪不断的师生情、听不够的思乡曲、唱不完的儿歌童谣。

三

粉色宫蕊枝头俏，轻风彩蝶花间舞。人们都说玫瑰代表爱情，而我想说的是桃花最为有情，堪称最佳的爱情代言品。桃子是甜美的果实，爱情是人生的蜜糖。想到桃花就会想到一个情窦初开的美少女含情脉脉、羞羞答答、胆怯而又执着地相信爱情。舟山桃花岛上的神仙情侣——郭靖和黄蓉的爱情，让多少现代人羡慕不已。此情本应天上有，人间难得几回闻。在爱情的花海中，机灵鬼怪的黄蓉一边轻嗅桃花，一边朝傻傻的靖哥哥娇嗔地说："为了要和靖哥哥在一起，我已经决定要跟爹爹断绝父女关系。"话没说完，旋即一阵风似的跑开，和她一起飘走的还有纷飞如蝶的桃花雨。舟山桃花岛，烟雨空濛的仙境，桃花造就的浪漫世界，那里盛产不食人间烟火的爱情。在所有情人的眼里，桃花嫣红，倾世独立，触目是脸颊嫣红的幸福，入耳是琴瑟相和的温润情话。清风一拂，瞬间就饱满成花开的样子，溢出温婉浓厚的爱的气息。

桃花难道不是情人眼里最美的西施？

黄蓉和郭靖的佳偶天成当属美不胜举，而另一段佳人才子以桃花传情的爱情故事却让人痛彻心扉。窈窕女子，曼妙年龄，如含苞桃蕾待字闺中。早春时节，一个俊朗的白面书生轻扣心弦。多情的才子只想进京赶考，待金榜题名时再来表达爱意，只可惜一年过去，再来寻找桃花下魂牵梦绕的心上人，一切却已物是人非，人去楼空。人不常在，桃花不常开，此花本是惜情物，花开堪折直须折，莫待无花空折枝。痴情的书生不知如何表达自己的忧伤和悔意，在门上默默写下怅惘的诗篇。这是一首以桃花为喻的诗行，在我看来也是最凄美的爱情誓言："去年今日此门中，人面桃花相映红。人面不知何处去，桃花依旧笑春风。"人面与桃花都是美到极点的景致。一个是娇羞的少女，一个是清雅净白的花蕾，一个是情爱初萌，一个是生命勃发，人与自然界的相得益彰是如此奇妙。桃花点点，春风荡漾，我已回来，在这里静静等待，佳人你在何处？何处能寻找你如花的容颜？桃花俨然是我们爱情的见证，是你我生命之中最美的语言。还有什么比一株渐生渐长的桃花更能表达我的情谊？还有什么比一曲越飘越远的桃花长调更能送去我的衷肠？我回来了，可是，伊人你又在何方？是否明白一首桃花诗的感伤？

桃花情，世间极美的爱情。《桃花扇》里的李香君同样面若桃花，同样是个美丽柔弱的女子，但她的爱情却刚烈如酒。李香君是明末清初有名的秦淮歌妓，一个生长在勾栏瓦肆之间的底层女子。见了太多的虚情假意，风月场上能有几人真心实意？“奴是薄福人，不愿入朱门。”偏偏香君秉性善良，不慕虚荣，坚信爱情。在充满衰败感和堕落感的明末弘德年代，到处都是战火厮杀、颠沛流离。面对权势的威逼利诱，她不但没有依靠美色寻得靠山，偏安一隅，反而拒绝魏忠贤余党的妆奁贿赂，义正词严地与复明反清的志士侯朝宗站在一起，演绎了一段空前绝后、坚贞不移的忠贞爱情。谁说坊间、歌楼没有美丽的灵魂？谁说儿女私情不能关注家国情怀？就是这样一个桃香奇绝的女子，在腐败污秽的朝代背景下，散发着凛然沁脾的芬芳，让灰色暗淡的明末历史，留有一抹浅浅的朱红和淡淡的幽香。

一株株桃花演绎了一段段美好的爱情，一阵阵花香驱散了历史的污浊，一股股明净之气沿着沧桑正道向我们缓缓袭来。

四

桃花是纯贞的爱情，也是醇美的世间情缘。

两千多年前，《诗经》第一次以桃花为喻托比一段姻缘，开启了中国文人对美人与美事的无限遐思。它描写了一位待嫁新娘，就要“之子于归”，“于归”就是要嫁到婆家。她淡于梳妆，容颜姣好，勤于稼穑，善于持家。

“宜其室家”，非常漂亮又旺夫。谁娶了这么好的女子一定会家族兴旺、多子多福。可是用什么来赞美这么美好的姻缘呢？我们的祖先第一次想到挑选自然界最美丽的花来作比兴。他们一定是千挑万选，经过颜色、姿态、枝叶、芳香、果实等方面的考量，选中了卓尔不群的桃花。多么含蓄、有力、恰当的比拟！假若没有桃花做比，我们会难以感受到她的美貌如“桃之夭夭”娇艳欲滴；她的青春活力如桃花闪烁着“灼灼”光华；她的未来婚姻生活如茂盛的桃枝“其叶蓁蓁”；她的家庭如桃果满园“其蕡其实”，子孙满堂、财丁两旺。人们对世间所有美好事物的期许都根植在这一朵朵绽开、一树树开放的满园桃花中，自此这朵美丽的花朵穿越历史一直生长在中国文学创作的长河中，并被赋予了更多、更新、更美的含义。

想想如果不是桃花，而是换作梨花，大诗人白居易用“人间四月芳菲尽，山寺梨花始盛开”是不是难以表达对重现春光的惊喜？“长恨春归无觅处，不知转入此中来”，这一株山寺中乍现的嫣红让诗人无比陶醉，无比兴奋，无比欢喜。人生的境遇百转千回，不要沉溺于一时的悲喜，生活中无处不有温暖人心的春色。也许一株桃花始终就在生命的某处等着我们，它化作一道明媚的光束照亮我们的路。以乐观的人生看，哪一天不是桃花满园，哪一处不是桃花锦簇？

在中国的史书中，重要人物的出现总有一些特殊暗示，要么电闪雷鸣，要么天降福书，唯有《三国演义》中蜀主刘备在读者面前出现时却是另一番惬意景象。满园的桃花光洁饱满，枝叶相抵相攀，情谊深植在土地中。在一片祥和美丽的桃花园中，刘备、关羽与张飞三人歃血结盟，结下共生死于杀场、同患难于天地的兄弟情谊。怎么样？是不是以桃花为证的兄弟结盟仪式少了点血腥和杀戮？以桃花结缘的兄弟情谊多了点浪漫和诗意？

以桃花为底色，以桃花为背景，李白和汪伦的故事不用渲染，就充满诗意的艺术美。那是在安徽的泾县，有一池秋水叫桃花潭，李白在这里初见“粉丝”汪伦。那个诗歌盛行的朝代，“铁粉”汪伦对诗仙李白发出真诚的邀请：“先生好游乎？此地有十里桃花；先生好饮乎？此地有万家酒

店。”十里桃花，宛若仙境。渔舟点点，酒家掩映。这么盛情的邀请令一向快意人生、杖行天下的李白怎能拒绝？唐代的文学名人和忠实粉丝就这么欢欣雀跃地见面了。但杯酒畅欢之后，李白发现此地并无桃花十里，只是这一潭深水名曰桃花，也无酒店万家，而是酒家老板姓万而已。汪伦如此戏语只是出于对“诗仙”的仰慕，对于善意的谎言，还有什么不能原谅的呢？他们畅谈痛饮，好不投缘。“海内存知己，天涯若比邻”，离别在即，李白即将载舟离岸，忽然看到汪伦岸边踏歌送行。他率性脱口而出：“桃花潭水深千尺，不及汪伦送我情。”多么豪爽可爱的汪伦！多么纯洁无瑕的友情！哪管它山再高路再远，哪怕是此生再无缘相见，桃花潭水边的情谊都会在水墨丹青的世界里，留下一抹飞红。

五

在中国的文人骚客中，最为狷介耿直的是唐代的“诗豪”刘禹锡。如果桃花在别人的命运中可以闪出美丽的霞光，那么对他而言却是一道出鞘的宝剑。

都说性格决定命运，他的命运表面看来是因为两首桃花诗作而发生了翻天覆地的变化，实际是狂狷不阿、宁折勿弯的性格使然。刘禹锡初次提到桃花是在他奉诏还京经过玄都观时奋笔写下的。“紫陌红尘拂面来，无人不道看花回。玄都观里桃千树，尽是刘郎去后栽。”他是在用盛开的千树桃花喻指自己被排挤后提拔起来的新贵，同时用来看花的人暗指那些趋炎附势、攀高结贵之徒。此等讽刺何等辛辣、有力，此剑一出，耿直率性的刘郎便难逃再度被贬的命运。时光又过了14年，一切都在改变，而刘郎刚正不阿的性格却依然没变。当刘禹锡有幸重新被召回京师，他冷眼玄都观桃花的心却始终不改。这次他又写下续篇：“百亩庭中半是苔，桃花净尽菜花开。种桃道士归何处？前度刘郎今又来。”看他这首诗，我们似乎可以看到他用轻蔑的口吻嘲笑道：“我刘郎今天又回来了，可你们那些曾经的新贵又在哪里呢？”如此不屈甚至狂妄的“桃花语”再次像把刺痛权贵的利剑，复又触怒满朝权贵。再次被贬的刘郎应该早就料到，由此带来的政治生涯一蹶不振，不过他似乎早已不在乎这些。因为玄观寺的桃花早已淡出他的人生视线，他愿意花更多的时间来欣赏王谢家的燕子，飞过寻常百姓家，花更多的精力在陋室中吟唱着东边的日出西边的雨，在更加广阔的蜀光山水中，寻求梦中的桃花源！但无论怎样，玄观寺的那片桃花至今泛着直率坦荡的气质，感染世人。

结缘桃花三生幸，珍惜方得万古情。历史上与桃花有缘的人实在数不胜数，但最重要的还是要学会懂得和珍惜。话说桃花并不是什么骄奢的花朵，从未想过要像牡丹、芍药、海棠登入富贵之门，进得权势高堂，只想守着一颗平常心，一份寻常的幸福。

历史上北宋有一个叫赵佶的皇帝，就是岳飞的《满江红》里提到的“靖康耻、犹未雪”的宋徽宗。他平生最自喜的一幅书画作品是与桃花有关的叫作《桃鸠图》：一只栖息在桃枝上的鸠鸟，身体肥硕，形态丰满，格外传神，但占尽风流的却是一朵清丽的桃花，它斜出在左上角，泛着温雅的光辉。这幅画无论是色彩、线条、功力，还是布局都是那么地恰到好处，无可挑剔。此画被后人誉为“折枝花鸟画”的典型。宋徽宗真是懂得桃花的人啊，想来他动笔之前，一定是站在桃花前观察了许久，酝酿了多时，构思了很久才落笔，之后一气呵成，用他清秀的笔锋出其不意地点出一枝西出的桃花，清脱的神韵恣意飞出。

就是这样一个懂得桃花、懂得艺术之道的皇帝怎么就断送了江山，白白被金人掠去为奴了呢？是生不逢时吗？非也。史书评论宋徽宗除了十分专注诗画书印，还是个有名的青楼天子，生性轻佻浮浪，常游幸青楼歌馆。凡是京城中有名的妓女都与他有染，他还经常将妓女乔装改扮带入宫中，长期养在后宫。徽宗经常乘坐小轿子，带领数名侍从，微服出宫，到汴京名妓李师师家过夜。为了寻欢作乐，徽宗专门设立行幸局负责出行事宜。据《开封府状》统计，靖康之难时，随徽宗被金帝一同掠走的除了他的文

武百官、乐坊技师等数千人之外，还有已经封号的妃嫔 143 人，无封号的宫女 504 人。多少段纯真的情缘枯死在后宫？多少朵娇丽的桃花陨落在苦海？自古红颜多薄命，哪一个皇帝不是后宫佳丽三千，可哪一个皇帝也没有像他一样如此受辱、误国、失天下啊！倘若喜欢寻花问柳、猎奇掠艳的徽宗对待一个女子能像待笔下的桃花那么倾注心力，一代天朝也不至于轰然倒塌。

不爱社稷江山又怎能真的爱花鸟书画，爱花样女子？

假若中国文学的视野里没有桃情萦怀，那么古诗春天里将缺失多少忽入眼帘的惊艳？文学意境里将失去多少深入人心的温暖？中国历史又会错过多少供后人品评的人间史话？幸好，我们清晰地看见有一株株桃花灼灼盛开在那里，芳姿卓尔不群。

六

桃花是一种植物，一种情愫，更是一种信仰。

由古至今，我们的先人们都是爱花之人。他们从来没有停止过向往桃花，走向桃花，赞美桃花。无数的文人雅士、达官显贵、豪绅侠士最后的精神归宿都是走向了田野，走向了桃花。

无法掩饰的是，我是一个实实在在的“桃花控”。我的网名叫作“桃”，简单明了。有人奇怪地问：“是不是取自‘桃李不言下自成蹊’啊？”还有不认识的网友说：“你是不是貌若天仙，自诩美丽如桃啊？”再有的卑劣一点的说：“你是不是个男的，要多交桃花运啊？”其实无须解释，他们根本不懂得一株桃在我心目中的神圣。如果在村野郊外，有一间向阳的老宅，我会在目光所及之处种满桃树，安心地在那里做一个村妇。施肥、浇水、剪枝，只等着一季季的桃花开满山坡。看阳光穿过林梢，随微风轻吻花枝。如果可以，我愿成为一株不老的桃树，守着绿水青山，守着宁静的田野，探寻有关桃花源记和武陵人的传说。

陶渊明，一个伟大的诗人，一个开拓的先行者，一个寻找精神家园的引路人。他永远是主流之外的少数派，是大众潮流的逆行者。学而优则仕是儒家人大志大成的表现，也是他们终身追逐的目标。偏偏陶渊明高呼一声，带头辞去官职，隐逸乡野，过起南山采菊、北坡种豆的田园生活。他带领一代代的文人骚客、俗人雅士追寻另一片盎然生机。后人沿着他标识的桃花源路，遵循他的足迹，去探寻一个无限向往的归隐之路。一路上，有的人幡然醒悟，脱去锦服华衣，封存大印，从高堂之上走来；有的人忽然惊醒，分发私人财产，广施爱心，从市井之中走来；有的人恍然顿悟，停下赶路的步子，重拾行囊，从一个个普通的宅门中走来……他们的目标只有一个，那就是所向披靡、奋不顾身地前往被称为“桃花源”的理想王国。他们要在那里卸去俗世的枷锁，寻找灵魂的自由。假设要是没有这么一块洁净世界，文人们探索精神世界的目光将会失去方向，也将充满空洞、焦灼和无望。

我非常向往那片叫作“桃花源”的乐土，那方精神的栖息地，那个灵魂的修研所。还记得小时候，最喜爱夏日有星星的夜晚，爬到房顶上仰望月亮，还会经常地问爷爷：“月亮上也有桃树吗？”爷爷多半时候并不理睬，偶尔会说：“桃树随处可见，不是什么稀罕玩意，人家月亮上的叫桂花树，金贵着哩！”爷爷说得对，童年的村子里谁家没有几株桃树啊，并不稀奇，只是那桂花树从未听过。随着年龄的增长，童年的问题再次出现在耳畔，突然发现爷爷给的答案禁不住推敲。村里的桃树一样是稀罕的，童年的“桃花源”更是金贵，人间无处可寻，世间无处可找。不知余生是否有望，再去溯源那片渐行渐远的桃花林。

春木四色

柳鹅黄

港城的春来得匆忙又急躁，需在一阵旋起的风沙中细细地品度才可嗅出泥土苏醒的味道。蛰伏的冬虫和坚硬的土地在一日长似一日的暖阳里慢慢地松动。此刻南方已是晓窗禽鸣翠，微雨燕双飞，北方的春却来得步履蹒跚，矫情扭捏。焦灼的等待和长久的盼望催生草色的萌发，人们常常惊异于浑黄的柳条倏地从酥软的枝中冒出。这大概就是港城的春了，一切就发生在一夜之间，像否极泰来，在你漫不经心的时候给你最多的惊喜。这份惊喜击醒心中沉睡一冬的慵懒，甚至是心灵深处沉积太久的淡漠。聒噪的生活被它的蓬勃猛击，被欣然的绿意洗染和浸润。

南方的春色，早到且隆重。北方的二月，春还在酝酿着融化第一滴冰水。直到阳春三月，北方的春才稍稍浸染些鹅黄，之后柳条变软、柳苞抽芽、柳黄“半未匀”、柳枝含烟吐翠，最后是柳絮漫天飞。这样流程才圆满，春才在家乡最为常见的树种上茁壮成长起来。因此对港城春的记忆和期许就年年铭刻在道路两旁随处可见的柳鹅黄上，随着它们晕开的年轮不断堆积春的序曲。

儿时姥姥家门口的大柳树一直根植在我的记忆中。它虽然没有古人所述如丝绦般柔顺，但舞动起来颇有自己的韵律。像儿时百唱不厌、韵律欢快的歌谣，伴随着我无忧无虑的童年。当老家的舅姥爷吆喝他不听话的骡马停靠在姥姥家门口的柳树下时，我知道他又是来给姥姥送野菜芽子顺便借点买种子化肥的开销了。随后紧跟的是午后的一阵长鞭，舅姥爷赶着他的骡马一溜烟消失在胡同中，欢娱地张罗他一年的耕作去了。我这时最喜爱的是他捎来的一些野菜——荠荠菜、婆婆丁、车前子、苦菜花……用这些野菜根部流出的苦浆，蘸了姥姥早春新发的豆酱，咬上一口，苦中带着清香，满是田野的味道。

当门前的柳条变软，吹上舅舅为我制作的柳笛时，便开始在或长或短的笛声里，盼望早日吃上姥姥拿手的柳树芽菜团子。于是放学后便比往日早些回家，安心等待姥姥发出上老柳树掠柳芽的号令，那号令是物质匮乏时期美味的代名词，是对春最饥渴的盼望，是关于春的最实在的记忆。

港城的春因了柳树而有了特别的停留。四月的风时骤时疏，年复一年地穿行在港城。昔日衔着柳条纤瘦的树影走过的青春岁月愈来愈远，就连那恼人的柳絮也成为一种遥远的思念。现在港城的春被越来越低矮的、越来越秀气的南方绿植所装点。紫的洋槐、白的玉兰、粉的紫荆代替了高大粗壮的柳树。南方的树种枝叶繁茂，硕大的梧桐叶子隔断了从前对春的记忆，浓郁的树荫仿佛已入夏季。港城的春短了，似乎没有了痕迹，春的信息来得迟了，像个懒起的人儿。

鹅黄细柳已被我冠以报春树的名号。它令人振奋的颜色和细软的腰肢能带给我们新春的气息，像个怀揣着梦想的懵懂少年，站在生命的起点向未来张望。今见错落有致的柳树垂列在山海关关城西路两旁，欣欣然，绵延几公里，心又一次醉在那迷人的鲜活与生动里。一阵新雨将娇柔的柳苞唤醒，苞蕊羞答答地小心向外张目，柔软湿润的柳条如二八少女，豆蔻年华，亭亭玉立。在古老城墙沧桑的背景下，在灰墙土瓦的映衬下，摇摆得轻松，鹅黄得养眼，嫩绿得心动。庄重中见鲜活，古朴中愈显明翠，又见

欣欣然的“满城春色宫墙柳”。

在古人的诗句里，由于“柳”与“留”谐音。杨柳依依，情意绵绵。古人在送别之时，往往折柳相送，以表达惜别的深情。“渭城朝雨浥轻尘，客舍青青柳色新。劝君更尽一杯酒，西出阳关无故人。”西出渭城，万株垂柳是我对君的不舍之情。灞桥一别，从此天涯望断，各奔西东，愁肠难尽，还望你我各自珍重。就请干了这杯践行的葡萄美酒，相信前行的路上因为有了彼此的挂念而不再孤单、寂寞，此去千里烟波，男儿志在四方，就在这里挥手惜别吧！

“枝上柳绵吹又少，天涯何处无芳草。”风光处处随心赏，春色时时入眼帘。这满城的春色随处可见，又何必执着于枝软柳细的一时缱绻呢？

草 青 浅

春天里，草是大地最无私的馈赠，山野、沟渠、荷塘、沙洼，几乎无所不在。每当和煦的春风一吹，漫山遍野、山河大地，无处不遍布轻轻浅浅的青草。高雅的景致园林、低矮的黑泥鱼塘、坚硬的水泥工地、松软的田间地头……只要有零星的泥土、水、阳光，就有小草悄悄冒头。

有人说，它们有千钧之力，若给它们一根杠杆，它们能撬动地球，但我知道它们从来都是无声的挑战者。大地在此时是公平的，也是无私的，它给所有能够生长草儿的地方以同样的滋养，让它们与其他生命一样，有超越生命的可能。

都说近水楼台先得月。草原上水分、阳光充足，土壤肥沃，草儿自然长得从容淡定；沙漠中阳光充分，养分和水分稀少，草儿自然长得艰苦卓绝；湖泊里养料和水分充沛，阳光却稀缺，水草自然长得纤细瘦弱。自然界的大手给所有草儿以生命的尊重和呵护。只待一阵春雷响起，一夜春雨滋润，草儿大军便可以迅雷不及掩耳之势迅速占领阵地，它们使用的是最好识别的人海战术。如此一波又一波，一浪又一浪，取之不尽用之不竭。

草儿第一次以无名小卒的身份，以卑贱之躯吹响春之攻坚的号角。跟在其后的是那些叫作花儿、树儿的精锐部队，它们配备精良、训练有素，是“春司令”的皇家部队。草儿是世界上随处可见的植物，它们如此轻贱，如此孱弱，又无比担当，无比强大，无比隐忍。

在南戴河海滨度假区，无论是步入栈道还是沿海骑行，我们除了欣赏沿路的大海、沙滩、海鸥，还会关注到一种奇特的植物——芮草。在几十公里的沿海路两侧，芮草们坚挺干练的身姿一下子就会吸引路人的目光，它们是观赏性极强的一种草，堪称草中新锐、众草偶像。春风徐来，春雨如丝，一声令下，它们就挺着笔直的腰从海沙中冒出又尖又壮的头。它们并不喜欢群居，而是各自安营扎寨，独站在荒芜的海沙中，直到个子长到约 15 厘米的高度。它们一直像刚入伍的战士，纪律严明，无须监督，自行立正，时刻准备听从首长出发的指令。原来草儿也可以这样的英姿飒爽，青浅黄嫩的军装，刚毅挺拔的身姿，目光如炬的眼神，雷厉风行的作风，潇洒整齐的队列，站立在黄沙、飞石、海风之中，如此的英武、神气。待到橙黄橘绿之时，它们的头上还会长出硕大的如狼尾一样的毛毛，如朵朵浮动的云霞。芮草就像是草根英雄，彻底打破了我对草芥之躯的偏见，原来高手在民间，青浅之中自有一份庄重，一份高贵。

也许正因为春草的随处生长，生命力强大，古代的文人用它比拟离恨的绵绵不绝，相思不尽。春草既是景象、喻象，也是心象。天涯长路，离人愈走愈远，归期无望，视野尽处春草蔓延，满腔离愁别绪也随之荡开。想到春草又绿的来年，友人是否可以早日归来。问君心中到底几多愁，绵延不尽的春草与奔流不息的江水是否如同你的忧愁？无论时空怎样流转，只有这些永不停止、辽阔无边的自然意象能永远寄托最深的愁绪！一株草的生命是如此的卑微，但在诗人的眼中却又能寄托如此深重的情义，这是一株草的使命，也是一棵植物的智慧。

春息日渐浓厚，青草盎然渐立。萋萋芳草路，又送天涯路人，此去迢迢千里，此物亦重相思，望君时时多采撷吧！

樱　嫣　红

在北方的春光里，在复苏的草木中，有一种花报春最早、花色最艳、花势最旺，却最易被忽略、被混淆、被遗忘。它就是一枝独秀的樱花。北方的人们对它似曾相识，又鲜少关注，就像某些人，他们一直在角落慢慢地成长。

关于樱花的样子，我们需从记忆的闸门中搜罗一下才能重新组装出它的轮廓。有人说，它像杏花，花开时节，如粉红的烟霞，漫天飞舞；还有人说它像樱桃花，花朵艳丽，如天边的云锦，光彩照人。其实，樱花与这两种扎根在乡土的花外表极其相似，骨子里传递的性情却截然不同。

唐代诗人温庭筠写樱花时这样说道："红花初绽雪花繁，重叠高低满小园。"樱花盛开之时，花朵粉中带白，饱满紧密，重重叠叠，颇为繁茂。明代于若瀛在诗中这样提到樱花："三月雨声细，樱花疑杏花。"樱花与杏花的模样极为相近，都是先开花后长叶，在花枝的顶端出茎开花。所以说，满园春色中，一枝红杏最先探出头来，于不经意处给你惊喜。这是自然现象使然。诗人多喻杏花为多情的女子，含情脉脉，临水独照，情意绵绵。至于"红杏出墙"之说，那是后人延伸理解的一厢情愿，或者是见仁见智的个人喜好。不过樱花与杏花比，似乎更娇气，耐不得寒，耐不得潮，更耐不得阴。如若忽视樱花的生存环境，随便种在院落或者建筑物旁，它必将枯萎无疑。虽与杏花相似，但它比杏花难伺候，花期又短，所有从没有人说它如多情女子，顶多像个爱变脸的没长大的小女孩，骄傲、矫情又多变。

再说樱花和樱桃花吧，春音一起，它们就粉黛佳人般可人妖娆，繁英如雪，其香如蜜，其锦如云，气势未央。但两种花同为万绿丛中的红霞满天，名字仅有一字之差，给人的感觉却有着天壤之别。樱桃花不仅花色宜人，而且果实酸甜可口，是农间田舍常见的植物。而樱花只以一季花期示人，多数不产果，个别有果实挂树，其味光怪苦涩，难以下咽。简单说，一个是经济型果木，一个是观赏性花木。一个像坊间大姐，亲切实在，一个有点像花瓶美女，小家碧玉，端着架子。如此，樱花自然不是乡野之人的首选，而是庭院楼阁里文人雅士的钟情之物。据说，自秦朝开始，樱花就早已根植在朱门铜雀的高宅大院里。想着那一朵朵美丽的樱花绽放，文人们簇拥着，穿行在烂漫如云、光彩似霞的花海里，此情此景定是一幅最有情致的水墨风景画，即使没有甜美的果实入口，仅此美景，足以让历代的雅士们驻留其间，流连忘返了。而樱桃则成为田间桃前李后的实在作物，不求附庸风雅，但求接济众生的仓廪之食即可。

人们对樱花的勾勒似乎还有另外更多的说法。

因其花期短暂，仿佛时光一样匆匆。诗人云："流光容易把人抛，红了樱桃，绿了芭蕉。"樱花的丽影存于尘世，忙碌而又易逝，这与众生草芥何其相似。

有人还说，樱花是纯洁的爱情。每到花开季节，热恋中的情侣都会聚拢在樱花下，谈情说爱。满树的樱花，是对情人最深切的诉说。掉落的花瓣，是对爱情最隆重的珍藏。爱情如此美好又珍贵，要么像樱花一样灿烂，要么随花魂一同陪葬。死生轮回里，只有一段段真情重生。无论来与去，都是那么圣洁，那么烂漫。无论是铭记还是遗忘，都是那么清澈，那么纯净，不留一丝尘埃，不染一毫俗尘。

在日本，"樱花 7 日"的解读更为悲壮。这或许符合日本人骨子里悲观主义的审美习惯。日本尊其为国花，除了赞美它娇艳妩媚，更是汗颜它短暂灿烂后随之凋谢的"壮烈"。一个民族自有其独特的审美视角和精神土壤，根植于此，对花草树木的诠释各有结论，有所不同。

如此看来，通过比较，我们对于勾勒一种花的模样，越来越清晰；对于描摹一株花的性情却越来越模糊，这有点像一种人，还有点像一个国家，捉摸不透，不好定论，还是求同存异吧！

梨 素 白

百花争艳的四月，每隔十五天就更换一个花期。谷雨过后，北方的梨花开始含苞，又到了人们盘算着到郊外赏梨花的时节。相信会有人和我一样，早早地打算前往，却还是在不知不觉中错过花期。有时候恶补似的奔赴那里，却是花已凋落，入土成泥。一夜春雨，芳菲殆尽，好不痛心。是花期太短，还是怠慢了花期本身呢？

在桃李尚未登枝展俏之前，梨花已迈着云般轻盈的脚步、展露月般姣柔的容颜，提前报春了。当梨花漫天飞舞，奔涌的春心，在大地的蛰动中，早已幻化成无处不在的山水写意。梨花的盛开，意味着北方撩人的春色拉开序幕，然后是桃李追随争艳，春色渐入佳境，春意渐向浓密。

穿行其中，远观近瞻，银装素裹，香远袭人，只想让时光静下来，让一切凝固在冰清玉洁的纯粹里。梨花一团团、一簇簇，皎洁轻丽，一尘不染。一片素白覆盖山野，像白衣胜雪的凌波仙子坠入凡间，玉树临风，轻灵飘逸，玲珑清透。风过梨花，雪仙子长袖善舞，仿佛穿越到了盛唐乐坊，奏一曲《霓裳》古曲，清雅曼妙。

旷世帝王唐玄宗抵挡不住羁杨的狂潮，在马嵬坡忍痛赐死爱妃杨玉环。当时是何等的痛彻心扉，何等的怜惜不舍。白居易用“梨花一枝春带雨”来形容杨美人的悲情之美。有了梨花的映衬，连美人香消玉殒的画面都变得那么的陡生情愫，那么感伤凄美。

院落溶溶月，春夜雨无情。片片梨花雨，点点月含冰。梨花美得那么一意孤行，那么出尘脱俗，那么不忍触碰。间或有青蕊沾染衣襟，皎白的花瓣散落足尖，内心不禁悠远起来。想起纯真年代曾经清丽淡泊的心，素雅洁净的容颜，转瞬即逝的爱情，不离不弃的誓言。如今雨打风吹过，梨花见证过的爱情不知归落在哪一片泥香里？又在哪一个季节苏醒萌动？蓦然回首，重又相识在哪一条烟雨空濛的巷子，牵手哪一个丁香样的女子？

冰雨一样的岁月敲打着梨花一样的时光。一切都在改变，一切又都没有变化。那些懵懂感伤的青春，那些任性无畏的岁月，那些铿锵有力的理想，那些渐行渐远的离人……总有那么一点点的孤傲，一点点的洁净，像极了单纯的梨花。

可是，有时生活远在梨花之外。好在，韶华易逝，我们的初心未曾晕染，一直向着本色，向着素白。

季节潮歌

风　入　帷

三月的海盼望了整整一季，终于等到初春暖阳的眷顾。海冰不再结实地聚在一起，而是一块块地被风和浪吹向陆地。踩在海滩的冰粒上，发出"沙沙"的响声。海滨城市的冬和春是模糊的，在此地生活一阵子才会从海面的松动中捕捉到春的信息。这里的春跟北方的季节不同，就像这里的人，是个不明朗的所在地。

不明朗的首先是关内的风。它似乎夹杂着一丝暖意，且走且停，游走在冬的边缘，海鸥裹挟着一阵欣喜伫立在岸边的石柱上，欢迎春风的到来。但寒凉的风仍旧在海面狂暴肆虐地吹，大街小巷的人们紧裹棉衣，"立春"节气已过，但还不到"清明"，关内的春是不能当作春的。短暂的丽日之后，春且战且停，冬耍着余威，还未谢幕。这片土地上一切都那么陌生，换个季节都要那么犹犹豫豫。

春风，那北国吹来的春风，你清丽的身影转瞬即逝，但我的目光却从未游离。我知道那是你分分秒秒都在希望和消亡中挣扎。你婉转的歌喉细若游丝，但我的耳朵从未转移。我知道那是你无时无刻不在新生和腐朽中剥离。

春风，那北国吹来的春风啊，我想扶住你趔趄的脚步，挽起你孱弱的手臂，拉紧你，安抚你，拥有你。海面是翻滚的浪花，漫天是飞舞的、来自西北的黄沙，街头是狂摆的树枝，你终是回身告别挥手而去。

忽地，我看见了你。你悄悄地在山林、河流、村庄挑起幕布的一角，在自然界的舞台上，那是你抢镜的春衫，紧接着的会是你大方的出场吗？来吧！快来吧！来领演一场盛大的春天欢乐颂。

春，快来吧！我已等你不及。待香炉温软，风入床帏，只等揽你入怀。来吧，和我一起共诉衷肠。看，我还是多年前辽河岸边的听风游子。三月的千山，林叶密集，随风摇摆在一浪又一浪的松涛里。那一日，千山的石台上，我敲响木鱼石，回想乾隆盛世的文韬武略，你奏响丝丝绕绕的呼声，断断续续，那是你不舍的离歌吗？当入关的列车驰骋在辽东平原，华北境内的长城渐入眼帘，你划过车窗，寻找着我，满眼都是你无语的轻愁。你告诉我，入关以后就是另外一个省市，从此我就是个异乡之人，我不知怎么回答你，只听身边的东北老汉絮叨着家乡的玉米、黄豆还有黑土地上的其它农事。

回想这些已是经年，再看，当是眼前燕山脚下的关山秀水。渤海岸边的度假胜地，四季都可以看海，金色的海岸线时常掀起蓝色的狂澜，记录铁蹄踏过的幽燕之地。春天总是来得那么扭捏，含糊，迟疑，像极了关内人的性格，做事稳妥，缺少东北人的痛快淋漓，嗫嚅中总有躲闪。

我时常开着窗向北望去，让更北面的风吹过来，让风中雅俗共赏的二人转带我到北陵公园走一走，回味一下来自辽河两岸青山绿水的记忆。

这来自海岸的潮湿的春风我可权当故乡的风吗？今晚的夜色中，我可拥你入怀？让你再温暖一个游子的梦吧！

来吧，春风快快吹起，给我以浓重的北方的气息，即使不能揽你入怀，哪怕是把你的发梢悄悄绾起，那也是一种此生有望的慰藉。说好了，不要问我的归期。

虫　啁　啾

清晨的一缕阳光和六点钟匆忙下楼的我撞了个满怀，我愣下神。枫树上跳跃的麻雀欢愉地鸣叫，唤醒了沉睡一夜的城市，我似乎听见旺盛的绿意在一声声的鸣翠中疯长，发出“啪啦啪啦”的拔节声。怕惊扰鸟儿晨光里的欢聚，小心地躲过它们机敏的视线，悄无声息地打开车门，安静地坐在车里，打开天窗，享受夏日里一段难得的悦耳清脆。没有在乎我的存在，平常难以关注到的小生命在枝头尽情蓬勃欢唱。一会儿是帕瓦罗蒂高亢激昂的歌剧，一会儿又是激情澎湃的进行曲，一会儿转入温婉缠绵的吴侬小调，一会儿又唱起浑厚奔放的西北信天游。倘若所有的生命都可以诉说，那么它们此时此刻又在啁啾什么呢？是来自故乡的唱也唱不完、听也听不够的东北二人转吗？

鸟儿在用另外一种音符，用自己的音节和语言表达着喜怒哀乐。“入春解作千般语，拂曙能先百鸟啼”，何等精明的小生灵，它们就在我们身边，吟唱着天籁之音，袅袅娜娜，清音绕梁。没有丝竹，却似清音。

每到夏季，我都会翻出法布尔的《昆虫记》，那是百看不厌的一本书。夏日我经常将它带在身边，打开任意一页，都能让我安静地进入光鲜有趣的昆虫世界，在那里和世界上更微小的生命对话。

法布尔的研究让我觉得不可思议。每一个生命在法布尔的眼里都是一个神圣的存在，他似乎天生就有和昆虫交流的能力，对它们充满人性的爱。法布尔以教书为生，长期过着穷困的生活。他的收入微薄，只能满足衣食住行。但在无限亲切美妙的昆虫世界里，法布尔却是富有的贵族。他没有豪华的实验室，更没有用冰冷的刀具靠拽、撕、剁、砍等暴力动作实现研究，而是在用爱心构建的自然环境，靠长年的观察完成任务。他的法宝不是别的，是爱心和平等。随后，他又用细腻敏感的文学笔锋，以严谨认真的科研态度，将光怪陆离的生物世界诗意地描摹出来。他是“昆虫界的维吉尔”，更是“昆虫界的比尔·盖茨”。他一定听得懂每一只鸟儿的乡音、乡情，认得属于它们的天空和明月。

晴空朗月，沉浸在法布尔笔下妙趣横生的《昆虫记》中，体验鲜活曼妙的生物情趣，遨游在神奇的虫类世界。惊奇地发现比人类低级的昆虫世界却有着人类难以比拟的美好气质。蚂蚁胆怯却长于合作、蜘蛛狡猾却异常坚忍、蚂蚱武断却非常勇敢、蝉嚣张却勇于奉献……让人无法相信如此弱小的生灵却有如此令人震撼的精神。它们或许只是本能，但的确是些可爱的精灵啊！就像生活在故乡土地上的人儿，固执得憨实直爽，恨都恨不起来。

蜂舞蝶飞的夏季，耳畔尽是蝉语虫鸣，尽是莺歌燕舞，面对这些可爱的精灵们，你的眼会突然间地亮起来，你的步伐会不由自主地轻盈起来，你的心会不经意地软起来，你的乡情会不知不觉浓起来。我在车里聆听，耳边清脆婉转的欢唱像一股故乡的清泉，纯净透明地奔流在生机勃勃的晨光中……

树独立

当蝴蝶上下翻飞着舞出院落，停泊在清晨初醒的第一滴凝露上，躁动绚烂的夏渐渐安静在雨后的微凉里。稠密和葳蕤被愈来愈重的秋叶点点覆盖。攀爬了一夏的牵牛花在秋虫的低鸣声中听出时令的起伏变化，停下奔忙的脚步。秋，脱胎于七月的流火，抖落夏的溽湿郁热，出落成一幅清爽干净的模样。庭院里安稳的小憩，短暂的梦里涌动着黑土地稻谷的米香，杂合着白桦林里的草木味，密洒着知秋的松针纷落。

飞转的时光如青年脚下骑得飞快的单车，碾过了春夏秋冬。一眨眼，一棵稚嫩的小树已在异乡郁郁葱葱，经过春的甘露、夏的风雨，正在迎接新一轮的秋的浓露和冬的风雪。

郑板桥云：“删繁就简三秋树，领异标新二月花。”人近中年，草木

之秋，方知舍得的弥足珍贵，才懂得极简的超凡境界。内心渴望成为一棵秋天的树，淡定从容，删除高谈阔论的理想和不着边际的举动，丢弃不必要的人生旁白和琐碎的细枝末节，历练生命硬朗的筋骨和偾张的血脉，让素简的心如一棵北方秋天的树，历经过白桦林里的风雪，无论在哪片土地都能得道须弥。

年轻时，从关外搬至关内的我，越来越喜欢吟唱张雨生的一首老歌《我是一棵秋天的树》。它曲调低婉迂回，歌词凄怨哀凉，暗合了我年少轻狂“为赋新词强说愁”的心境，也唱出我离乡千里的梦断别情，因为愁煞人的秋风秋雨最能懂得年轻游子的心。而当渴望成熟的种子经过夏的沉积，终于迎来果实坚脆悦耳的剥裂声，人生的秋季便跟着夏日里最后一场大雨滂沱而至了。伸手接一滴檐落的雨水，用心去体验去感知异乡，它虽有一种真切翔实的凉意，但稳固自然的凉意中并没有多少的肃杀和萧瑟，而只是透明和光亮。青衣白衫的少年告别青涩，告别离愁，怀揣成熟的坚定，欣喜又踏实地走在时光里，终将长成一棵粗壮的秋天的树。

青涩中又怀思乡的日子随着天边一日比一日高远的云走远。徜徉在秋的季节里，望着纯净的天，踏着浑黄的草，内心沉淀着岁月的菁华，波澜不惊地穿行在浓墨重彩的季节。曾经的云山雾雨，物是人非，他乡别情，化作脚下的一片落叶。生，可层林尽染；枯，可落地成泥；飘舞起来是气势宏大的乐曲；安静下来，则如挺拔俊逸的处子。我愿以一棵树的形式，始终坚毅地站在人生的四季里，在最高处遥望北方的白桦林；任风雨飘摇，岁月洗礼，我愿以一种挺拔的姿态耸立在黄土地，直指青天，永不言败；无论身在哪里，我始终是以一棵树的样子，迎接雨露，挺直身躯，让阳光照进宽广的胸膛。

“我是一棵秋天的树，安安静静守着小小疆土，眼前的繁华，我从不羡慕，因为最美的心在不远处”。还是最喜欢张雨生的这首歌，什么时候听，心都能如故乡的星空，那么纯净，如故乡的时光，一切也随之沉静。

雪 融 逝

秋末冬初，萧瑟与冰冷突如其来，一场鹅毛大雪接连几夜下个不停。大雪如席，瞬间掩盖了山川河流、城市乡村，世界因此步调一致，整齐划一地穿上素衣。脚下的土地终于和北方故乡的黑土离得更近了。“千山鸟飞绝，万径人踪灭”，曾经的故乡往事和眼前的慌张岁月都已封藏，故事和人物在飘舞的雪花中凝固，这个时节的雪，因为一场乡愁，沉重而浓密起来。

初冬无常到访的大雪，满足了人们在清冷干燥中对一场雪的盼望，在粗糙怀念中对一场故乡梦的期待。雪是冬天藏在内心最大的喜悦。

银色的雪擦亮了世界的眼，装点了孩子们童年的梦。外出赶雪的人儿燃起运动的激情，精神了锈住的筋骨，也唤醒了沉睡一季的思乡情。

雪越来越大，从混沌的白日持续到氤氲的晨曦，缠绕的思绪和辗转的情丝随之在晨光里醒来，迎接雪亮的世界，新奇又受到触动。雪花随风曼舞，悄悄聚集又倏地分开。纷扰的心事不再记起又瞬间提及，放也放不下。昨夜的焦灼隐遁在纯洁素净的世界里，封存或者躲避，在一场短暂的日光照耀下，冰冻了许久的怀乡情悄悄融化。

第一滴由屋檐滴落的雪水，打破了院落的宁静。雪缩小着身子，以另外一种方式转化自己的存在，继续自己来自故乡的诉说。它蜿蜒流淌，穿过门阶、回廊、小巷、冀东大地……蒸发成漂浮的水气，飞腾到天上，回归自己本真的样子，稳妥的样子，来自故乡的样子。

活动的城市和行动的人们打破了雪的宁静和安详。一场美梦被突然唤醒。车胎将雪轧出结实的冰道，这和关外的大雪同出一辙。上班的人们如履薄冰，一不小心，一场关于雪的惊喜和沉醉就被猛然的摔倒所击碎。手中的东西撒了一地，胳膊的酸麻和臀部的痛楚，让你不由地怪罪起这场雪。可是转念一想：美的雪景怎么能不包含几个摔倒的人儿呢？痛楚和尴尬无意中换来了大家的轰然一笑。有人善意地提醒："别走太急，太急会摔倒!"说着说着，他的身子一扭，竟然也摔倒了，笑声在空中回荡，飘到很远的地方。哪里没有摔倒和爬起？故乡还是异地？别太急，雪正在渐渐融化，路会越来越好走。

隔壁的王大爷没等雪停，就全副武装地在楼下清理道路。今天已经是雪后的第三天，早晨上班时，又看见他在用铁锹对付顽固不化的积雪。我认出来了，昨天就是在那里，有人车仰马翻。我站在不远处，静静地看着雪块在铁锹撞击声中一点点地土崩瓦解，好像什么心事都随之烟消云散了。

一场雪的故事消失在视线中，一场雪的融化被悄悄记起。生命如飞舞的雪花，转瞬即逝，守得本真，守住根脉，慢慢体味，人生的旅程不是以时间为计量单位，而是以一个又一个让你铭记的精彩画面连起，记着了，便是没有别离，便是重启人生序曲。

一场故乡飘来的雪已经开始融化，风景依然在。我发动了车，行驶在港城依然冰滑的路上，轻轻地、慢慢地向前开去。

轻染相思

不忍走过，水泥路旁的草还是枯黄了，剩下坚硬的水泥隔离块不均匀地排列着，踩上去不平又硌脚。一夜的狂风肆虐，泥沙俱下，劫去了它所有的葱绿，它竟不胜酒力般瘫躺在松土怀里，醉着抑或死去。不经意间夏已逝，秋已至，岁月一季挤着一季，推搡着向前拥将而去。四季的轮回里万物竞发，千帆驶过，听说爱情挟着风花雪月从季节的门前走过。

盼望是春天里最浓郁的心情。盼望啊，盼望，盼望什么时候春天打开紧闭的大门，冲进心扉。盼望春的步伐不要来得太猛太急，担心步伐太急切，让我们来不及体会和感受。又盼望它不要太缓太迟，担心脚步太迟让我们望眼欲穿，涣散了心情。都说什么事等得太久会让期待变成憎恨，可是，对于一场与春天的约会，恨意从何而来呢？那就缓缓地期盼吧，或者偷偷地将期待隐藏在故作的淡定和伪装的忽略里。让春天的一抹新绿，随着惊蛰的触动，悄悄地在内心滋长。她的出现不必如春雷乍响，不必如春雨满池，有一颗细致敏感的心，就能听到她轻行的步伐，看得到她青葱的模样。

夏的记忆总是那么炙热，毫无防备，就如同突然而至的爱情，带着玫瑰和热吻奔来，让你没看清她清灵机敏的眸和欣喜欢笑的脸。炽热的骄阳过后，一场悠远的云便给她带来酣畅的雨。那不是晴空而降的雷雨交加，也不是梅黄季节的阴雨连天，而是她驿动的心最畅快的表达，是她真挚的

情最淋漓的宣泄。不管深爱或者初恨，无心抓住抑或平淡放过，一夜连绵不尽的云雨会带走夏日里最浓厚的相思。像儿童的脸，转眼又一个晴天丽日。芳菲虽然已走远，但夏日里的林木正青翠可人。春光已歇，芳颜还在，夏日的一场爱情雨敲醒梦中人。不言成败与喜忧，不论阴晴与圆缺，不想前程与未来，只问这一次你率性了没？坦诚了没？何必遮掩，何必解释，何必忏悔，本真的容颜是人生最美丽的花朵，她让爱在这一季娇媚绚烂地绽放。

转眼已是秋，秋风飒，秋叶落，秋水凉，凝重和遐思不由自主地在心底攀升。急匆匆不是秋的脚步，羞答答也不是秋的音容。秋以浓重的色彩、粗犷的线条，鲜明而又直接地站在你的面前，甚至有些贸然，有些突兀，有些单刀直入。云，高远深邃，远在苍山之外；叶，脉络分明，浮动在水波之巅。秋以一朵云、一片叶的形式显示自己的棱角。水，沁含凉意，栖息在万米幽兰；风，急促迅猛，挟以电掣之闪。她以一滴水、一阵风的变化雕饰自己的容颜。棱角是鲜明的，线条是清晰的，而她理性的目光如夜晚的繁星，在疏朗的心空下一夜似一夜地闪动、明亮。夜色凉如水，坐在庭院里看满天星辰，哪一颗是盼望中的牵牛织女星？这凡间的恋情由飘浮的云落成井底的石，山中的根。“牛郎织女”们的爱情不再困惑烦忧，她沉寂在一池宁静的秋水，微澜初泛，删繁就简。

山路一转，了无踪迹。雪花飞过，脚步难寻。君一去，水迢迢，路遥遥，山高路远何时是归期？雪茫茫，风猎猎，水阻山隔何处来安身？只愿君心似我心，定不负相思意。这漫长而又孤寂的冬，这个告别和分离的季节，就像霜冻之后的冷却，冷却之后的崩裂，迸裂之后的决绝。雪花含着一颗冰心，固化为一种美丽。大地覆盖着厚重的冰冷的被子，温暖还有些遥远。在冬日，触手可及的寒凉让人直想握住一双手，靠近一团火，所以冬是雪藏渴望的季节。冷寂覆盖着冬眠的生命，他们饱含着鲜活，私藏着活力，耐心地聆听春水的澈动。因此，冬季是个蕴含力量、培植生命的季节。抑或死亡，抑或复活，生命在此隐忍又坚毅，悲壮又勇敢，让你心生敬意。情感也走到了路口，赶着末班车离开抑或等待次日第一班车的到来。

一株草的命运，一份情的旅程，一首诗的人生，我们在用心体味，用爱感知。有感知才有更迭，有更迭才有根植，有根植才有生长。心若是荒了，爱就远了，生活也变得绵软无力，一阵风就吹散相思雨。

但为君故

杨柳杏花飞过，汀州浮萍茎短，已是暮春时节。山中的时令略晚些，寺前一株花苞叠叠复重重，包裹着芳心，以浅唱倾诉缱绻的柔情，以低吟诉说细密的心事。赏花的人摩肩接踵，他们中哪一个是解花人？人生何处不相逢还是落花时节又逢君？

前世的花草从缘的前生开到今生，你踏破时光的瀚海来赴千年之约。我拨开迷雾，追寻你的踪影。

你仿如一棵矗立的树，寸土不离，一生只守候一片土地；

你又若一只鹏，扶摇直上，因为鹏的一生只追随一份月光。银河迢迢，在羞涩和勇敢间你轻携我的手。

轻触你温柔的眼波，便踏入神往的月河，河水潺潺，水波潋潋，清辉绵绵。我沉醉在曼妙模糊的搜索里，树是你的躯干，光是你的双眸，月是你的柔情，水是你炽盛饱满的心。

那是你的眉吗？疏阔健朗，似卧虎，威震八方，如蛟龙飞腾山冈；

那是你的唇吗？甜软温滑，如新月，嵌缀苍穹，似琼湖平润四野；

那是你的眼吗？光洁亮泽，如百灵，清啼翠谷，似池水倒映秋波；

那是你的身影吗？双眼微迷，风沐裙袂，雾洗清颊，似仙人端坐在南山之端；

那是对我最长情的告白吗？光暖之处，双鹤齐飞，流云翻转之地，细水天际长流。山光剑影，莽山阔海；

那是你的谦谦之风吗？如徐徐沐歌，靡靡我巾；

那是你的儒雅之气吗？如青青子衿，悠悠我心；

那是你的气势万里如虹吗？修林茂竹，暗香盈袖，空谷幽兰。

你说要和我一起看海阔天蓝，长河落日圆融，彩霞倚虹满天；

你说要和我一起听长风而歌，芒杖竹鞋胜马，访遍万水青山；

你还说还要和我红泥小炉微薰，举杯共邀明月，陶然美颊红绯；

……

而今，斜阳芳草萋萋，天涯长路漫漫。曾经的红笺筱字，青萝拂衣梳行，都化作青山夕下。琴驻星稀，秋落寺中桃花，东风扫尽碧云斜。辗转难成寐，草檐堂前燕单飞，如席雪花独自酌。无语泪凝噎，秋雨自滂沱。

回望来时路，又见浅笑殷殷。

聚一场，散一场，聚聚散散又一场；

风一程，雨一程，风风雨雨又一程；

山一湾，水一湾，山山水水又一湾；

醒也一生，醉也一生，半梦半醒又一生。

醉了，还是相思无量；醒了，还是暗淡无光。天涯望断潇湘路，问君归期已无期，此情可待成追忆，浮生不堪梦一场。

君之衣袂飘飘，渐行渐远还长。

黄花落尽，何时再见晨洗的朝阳？

落红入泥，何处不是染过的秋霜？

海棠初芽，何时重忆错过的时光？

你问我，是否看到你眼中的期盼？我说：心中无牵，眸又在何处？

你问我，是否看到你心海的波澜？我说：心中无海，涛又在何方？

你问我，是否听到你彼岸的呼唤？我说：心中无帆，岸又在哪里？

你又说，是在向我的方向驶来吗？我说：你在哪里？我的前方难道不是你的方向？

爱已是我此生刻骨铭心的恨。我睁着眼，却看不到你和你的方向。只应碧落重相见，那是今生，奈何今生，刚作愁时又忆卿。

但为君故，秋叶染透红霜地，黄花尽处，海棠累累。

大 蓝 之 梦

一

北方八月中旬的暑气，浓重得让人喘不过气。太阳雨是常有的，天上经常乌云密布。沉甸甸的云朵包裹着水汽，诡异地四处流窜，没有一丝雨意。衣服被湿热的风缠绕，贴附在身上，混合着淋漓的体汗，纠缠不开。众多的城市在太阳的炙烤下晕得发呆，唯有渤海湾畔的小岛——秦皇岛，独得老天钟爱。仲夏季节，依然凉爽宜人。一阵阵海风从遥远的太平洋吹来，时急时缓，温柔中带有些许的强劲，轻易地吹走弥漫在心头的溽热。

暑期的秦皇岛成为人们心中向往的胜地。游客们从世界各地聚集在小岛温软的海岸线，与一座城和一片海一同入梦，一起醒来。

清晨，海面上传来阵阵的笛声，叫醒了一座城市和它的游客们。天还没亮，海滩就热闹起来。赶海的人们循着海腥味从四面八方向海边聚集。他们拿着小铁锹、小耙子、小网子等工具，施展十八般武艺，到童真童趣里寻找一个关于丰收的梦。玩累了，就顺势坐在沙滩上，一起期待海上日出，等待一幅自然神奇的美景盛大开演。或许，这只是一个小小的蓝色序曲，如果时间来得及，就带着赶海的喜悦和看日出的好心情赶赴各处的游

轮码头，在那里正式开启寻梦之旅吧！

秦皇岛求仙入海处的码头人头攒动，等待登轮出游的人们准备乘船出发。也许他们不曾想到，两千多年前，始皇帝王的船队就是从这里出发，载着探寻生命不老的愿望驶向茫茫大海。也许他们不知道，秦皇岛自古就是风景独好之地，历来备受帝王将相的青睐。先后有17位帝王在此巡游、建功立业、开辟疆土，都说这里具有帝王之相。

透过梦幻般朦胧的雾，我们仿佛隐隐地看见，一艘艘木船从历史深处驶向遥远的未来。

两千多年前的某一天，秦皇岛，这个北方的小山村迎来了帝王出巡的大军。为了显示海波浩荡，惊涛拍岸，上千艘木船撑起高高的桅杆，趁着这片海域自古以来的东南风，一路南下。这是第一次出海，阵容非常强大，仪式异常隆重。始皇嬴政以统一六国、雄霸天下的豪气，派出一支如此巍然的船队是能理解的，他们正穿透迷雾驶向遥远的未知。他们撑起满满的帆，义无反顾地驶向蓝色的大海，出没在惊涛骇浪里。巨浪滔天，在没有任何现代航海知识和技术的时代，冲向惊涛骇浪的人，无论是因为什么，祈福也好，求仙也好，避世也好，如果没有一个叫作勇气的东西藏在心中，再先进、再现代的航海设备也寸步难行。高高飘扬的“秦”字旗帜从我眼前驶过，眨眼间就消失在烟波浩渺里，那狂狷的海风撕扯着旗帜，摧毁着旗帜，而高高的战旗始终在惊涛骇浪中屹立着。那上面写满秦皇岛历史的由来，写尽秦皇岛的原生精神——勇敢和坚强。它们满载着小岛人从古至今未曾改变的勇者之梦、强者之梦，驶入港城千秋万代的冬去春来里，驶进历久弥新的苦尽甘来中。

对于一个用帝王名字命名的城市，一个和始皇出海壮举有关的城市，注定为生活在它怀抱里的港城人平添了几分英气，几分豪迈。而今，它的风采依然，无论谁与它靠近，心中都会涌起神奇的浪花。

二

姑姑退休了，从沈阳来港城避暑。我陪伴她乘坐“求仙号”游轮，顶着渐起的迷雾，驶向北戴河海滨鸽子窝。全程要行驶四十多分钟，路途不长也不短，正适合看沿途的风景。一路上，近处可见林立的海滨别墅、蜿蜒的沿海栈道……远处随处是参差的巨轮、翻飞的海燕……这些似乎让见过世面的姑姑波澜不惊。

雾薄薄的，轻轻的，像少女起舞的纱裙，浪漫而又让人浮想联翩。

坐在游轮靠窗户的座位上，轻摇的船体像摇篮般托浮着我，美得要轻睡一下才好。船上的扩音器正在播放童谣歌曲《大海啊故乡》。轻柔的歌声中满是牢牢的童年回忆。

梦中的童年总是有抓不完的小螃蟹，有追不完的浅水鱼，有赏不尽的海菊花，有望不到边的出海小渔船。最为兴奋的是随手可得的海蛎子、蛤蜊、海虹……爸爸用二八加重自行车把满满的海货驮到家。接着是经过简单的白水煮制，小海货鲜美的味道随即扑满家中的各个角落，不次于妈妈做的任何一道美餐。飘出的海鲜味唤来同院住的小伙伴们，他们扔掉手中的泥巴、玻璃球、卡片，围坐在平房前的小圆桌旁，一起热热闹闹地品尝。吃剩下的贝壳、海螺壳，女孩子们用蜡笔染上颜色，拼出各种想象中的图案。男孩子最爱的是红色的螃蟹爪。煮熟了依然尖利，好动的他们在一旁比赛，看谁的是“蟹中之王”。

其实，童年的时光，因为赶海的快乐而对简陋的生活充满感激和期待。在从父母家到姥姥家生活的孤单日子里，脑海里总有爸妈烹制的小海鲜的味道，它们是最温暖的家的味道。

梦中的海滩总有些莫名的忧伤，不知如何诉说。记忆中，在求仙桥游船码头东山顶上有一块大礁石，它是我的“解忧石”。它矗立在引航塔的旁边，又高又险，爬到上面很费些周折。正因为“高不可攀”，所以鲜有人至。最深的记忆是坐在礁石上看红日出海，与海浪倾谈，听涛声窃语，随汽笛哼唱……那时候，只想和大海倾诉心中的秘密和梦想，唯有它和一声声的海浪是我最亲密的陪伴。独坐一上午，抑或与友相约，向着大海，彼此无言，似乎却都已懂得。现在的东山海边，铺设了长长的木栈道，离海更近了，却再也找不到那块可以远眺的礁石。原来的东山顶已经被踏平，全部修建成一个开车可达的高坡，成为一个知名海景饭店的院落，奢华富丽，再也不是心中那个可以“疗伤”的好地方。

长大以后，我仍然喜欢这片海，从不放过任何一次和它的精神交汇，不想错过任何一次和它的思想碰撞。而它在我眼中，已然不再是那个懂我的少年，而是一位经历风霜的长者，用睿智的眼神看着我，一言不发，用关切的注目鼓励我，不苟言笑，我想也是在悄悄地鼓舞一座城市。

驶离求仙桥码头不久，细雨微斜，风突然有些大了。我从小睡中醒来，发现摇摆的游轮像个披荆斩棘的战士，拨开水汽，斩断雨线，向着西海岸鸽子窝的方向驶去。你可知道，那里曾是伟人伫立的地方？

三

斜风细雨一次次阻挡船头，击打船身，游轮在风的托扶之下慢慢靠近北戴河的鸽子窝景区。

鸽子窝在北戴河历史上是个有故事的地方。换句话说，北戴河的历史几乎是从这里开始的，并逐步向内延伸到联峰山、老虎石，直至现在的南戴河、昌黎黄金海岸，向东延伸到秦皇岛港码头、山海关老龙头及后来更远的东戴河。北戴河虽然只是秦皇岛市的一个下属辖区，但它的历史、名气、活力却远胜过它的隶属城市——秦皇岛。有的游人根本不知道北戴河和秦皇岛的关系，甚至有的人根本没有想过它们间会有什么关系。他们无从知晓，北戴河是秦皇岛的眼睛，是一座城市闪闪发光的眸。它的每一次眨动都牵动着一个城市的神采，甚至是一个国家的命运。

坐在游船上，透过薄雾，我再次把目光投向远处海天相接的地方。和姑姑轻声聊起这片海面曾经发生的故事。

1898 年清朝光绪年间，时局不振，西方的传教士来到中国的沿海口岸，假借布道之名掩盖勘探之实，以备实行鸡鸣狗盗之事。他们发现，渤海深处的北戴河海岸线，常年不冻、沙软潮平，可作为最佳的入侵口岸。英国舰队鬼魅魑魉般趁夜抵达了这里，“红毛妖怪”试图用炮火炸开一个国家海线城墙。可他们哪里知道，两千年前就做过出海寻梦壮举的子民后代怎么能那么好欺负？他们拿起手中的大刀长矛，短兵相接，他们用血肉之躯抵挡长枪利炮。勇者之海的子民从没有退缩过。因为英勇是他们血液的基因。大海之子从没有妄想过侵吞他人之食，也绝不允许他人侵占自己的家园。反抗的怒火一直在这片海岸燃烧……

拨开历史的迷雾，你分明看见，20 世纪初的这片海，处处闪耀着民族自强与独立的星星之火。那是 1922 年，共产党先驱王烬美在领导码头工人停工罢业。他们振臂誓言：“我们的肩膀不是帮助你们日本人来掠夺黄金白银的，从滦平运来的黑金煤矿再也别想从这里运走！”那是 1932 年民族义士国民党 29 军军长何振国反抗日军侵略的怒吼，他用冲破云霄的枪声向世界宣布：这里的军人发出了抗战的第一枪！中国的军队一定要把日本鬼子赶出去。就像曾经驻扎在这片海域的戚家军，制倭寇于千里之外，杀他个一败涂地，片甲不留。那是 1945 年的解放大军挥师出关的豪迈步伐，随后他们从这里汇聚力量，开拔到山海关外，打响了轰轰烈烈的“辽沈战役”，一个民族的解放战争从此进入伟大的转折期。

一声春雷震响了世界。在海风和煦的和平建设时期，人们不止一次把期许的目光投向这里。一个个重要的国家发展战略在此诞生，一次次关乎民族复兴命运的振翅在这里起飞。

就是在这里，秦皇岛人建造出新中国第一座大桥——武汉长江大桥，它横亘在长江南北，使天堑变通途，从而向世界证明了中国人的开拓之举。就是站在这片海域，新中国的领导人毛泽东面对朝气蓬勃的社会主义建设，

心潮澎湃，用豪迈的气概写下壮美的诗词《浪淘沙·北戴河》。如今，一个伟人的巨像巍峨竖立在北戴河海岸，他用磅礴的气势、深沉的目光继续关注这里每一天发生的翻天覆的变化。

自此，一片海的春天来临，一个个蓝色的梦想开始破冰之旅，向更远的前方驶去。

四

雾已经悄悄散去，风和雨也随之停息。游轮离开求仙入海处码头已经有 10 多公里，继续向目的地驶去。

我告诉姑姑把目光投向窗外，因为这里非常特别，可以看见货轮，也可以看见中国的经济。远处的货轮穿梭，一艘艘依次排开，那是在等待进港信号引领他们停进各个码头泊位。他们从世界各地来到这里，装满素有“黑金”之称的煤炭之后，再返回世界各地。

也许你可能不太相信，这里煤炭运输的变化就是中国经济的晴雨表。中国经济的好坏最先从这里获得信息。还记得 2009 年的世界性次贷危机吗？国家主席就是在这里，视察煤炭出口的增长情况并告知世界，中国的经济正稳步增长。

我建议姑姑再向远处看，这个位置是远观秦皇岛港的最佳地点。透过窗口，一架架装煤机如“铁马”般伫立在岸边，它们像一匹匹奔腾的骏马在渤海湾畔咆哮驰骋。每天，大量的国家经济命脉的战略性物资——煤炭从这里被争分夺秒地输送到南方的各大省市和世界各地。“北煤南运”的运输线源源不断地将能源供给急需原料的各地，这里几乎支撑着祖国三分之二城市经济运行的能源保障。秦皇岛，也不愧是世界能源大港，在新中国成立之初，在改革开放前沿，在新的经济浪潮中，它都有着自己的独立担当，为国家的经济发展创勇争先，也创造了数不胜数的“中国第一”和“世界第一”。

随着“西港东迁”战略部署的需要，这些创立过赫赫功勋的“老马”也要重新搬家，另立门户。他们将整体东移到秦皇岛的东面工业区。“西港东迁”，一次海岸线上的重大工业迁徙，一个还海更蓝、还草更绿的德政工程，必将给这里带来新的发展契机，也必将让城市东面的发展更阳刚，让城市的西面发展更柔美。

中国环渤海经济圈发展战略的确立，让秦皇岛这座百年老港，又如虎添翼。京津冀一体化的协同发展，让这片海域变得愈发沸腾和热闹。一个关乎国家发展的远大梦想正在这里振臂飞翔。都说，三角形是最稳定的，环渤海经济圈内的塘沽、青岛和秦皇岛无疑是渤海湾里的三颗明珠，届时，世界都能感到它们的光芒四射。

表面上，与三亚、青岛、大连等海滨城市相比，秦皇岛的海水和那里的没有什么区别，但这里是渤海，是北中国海，是除了珠三角、长江三角之外中国经济发展最活跃、生活最沸腾的海域。

从游轮的窗户望去，海面到处是挂着各国国旗的货船，它们就在你的不远处，就在阳光的普照下，等待中国经济的海阔天蓝。

游轮安静地行驶在海面，风平浪静，姑姑喊我到船板上给她照相。她说，要找一个合适的角度，照到远处的轮船、港、海平面和蓝天，那会看上去很美。

五

游轮逐渐靠近目的地——北戴河的鸽子窝。放眼望去，岸边的碧海金沙中，竟有许多川流不息的俄罗斯游客，他们在惬意地享受沙滩、阳光。我们这座城市敞开大门，欢迎他们从遥远的北纬属地国家，来到气候宜人的北戴河度假，来到一个有梦想的城市，实现他们自己的亲海之梦。

秦皇岛的城市从诞生的那天起，就渲染上蓝色的梦想。从两千多年前的出海探险到今天的强国复兴，每一步梦想的前行都因袭自己的传统，都传承自己的血脉。蓝色已深深地根植在每一位港人的心中。前秦皇岛文联主席吴文良曾经说过："秦皇岛的海每一滴海水的成分不是盐，而是文化。"我想，这不是自吹自擂，是秦皇岛的海水本身就饱有的富文化离子，哪怕海面上刮过的一束风、一粒沙都有文化风貌。这不是自我陶醉，是秦皇岛的人民本身就富有海洋情怀，哪怕海风捎来的一个笑容、一声问候都有创新精神，更有城市坚硬的风骨随经风沙经久不衰。

我不知道，原北洋政府交通总长朱启钤是如何顶住压力，成立公益会的，是北戴河汹涌的波涛给了他力量吗？让他有足够的勇气秘密组织北戴河的中国人与洋人抗衡，制定了对北戴河产生深远影响的最初蓝图？

我不知道，新月派诗人徐志摩，在来到北戴河海滨时，正处在家庭和社会的纠纷之中，极度消沉的他是不是在听涛看海中抛弃幻想，重拾"访我灵魂唯一之伴侣"的信心？

我不知道，在张学良将军跌宕起伏的一生中，是不是面对秦皇岛北戴河永不止息的波涛，坚定了英雄与美人、山盟与海誓的诺言，私订了他和赵四小姐的白首之约？

我不知道，1963 年，伟大的人民作家老舍是如何在北戴河海滨写下豪迈的诗句"潮去潮来人不老，昂首阔步作诗家"的，更不知道他把这句诗赠送予他相交甚深的剧作家曹禺的时候，他的内心是不是早已有了决绝之意？是不是和他北京太平湖独坐的那个下午有着相似的坚硬？难道是北戴河的海浪滔天、惊涛拍岸给了他追求真理和自由的勇气？

常说秦皇岛是一个"因海生城""因城兴游"的城市，也是一个"因游

有梦”“因梦生歌”的城市。今天的秦皇岛能够如此夺目，要感谢中国伟大的改革家邓小平，正是他在改革开放初期在北戴河举办了全国第一届旅游开放会议，大胆地提出了可以民营办旅游的方针，才让闻名世界的旅游胜地焕发新的生机，让一个海滨之城有了大梦中国、复梦世界的先机。

有谁会想到，秦皇岛的子民本来就是出海人的后代，敢第一个吃螃蟹的人，也必然会首先品尝到它的鲜美。而今京津冀一体化、环渤海经济圈的国家战略的实施不次于大蓝之梦的又一次出海！

作为一个秦皇岛人，一个出海人的子孙，让我心情澎湃的不是现在这耳畔的海风，眼中的海水，而是这海风、海水中，一直在吟唱的大蓝之歌，那歌声里有伟人毛泽东的宏伟畅想、有邓小平的改革蓝图、有复兴强国的民族希望，也有港口工人加薪后的小幸福和游客姑姑合影留念的小愿望。

姑姑和我下了游船，登上了北戴河的鸽子窝码头。她说，她不着急，她要我陪着她在这里放缓脚步，慢慢地走。

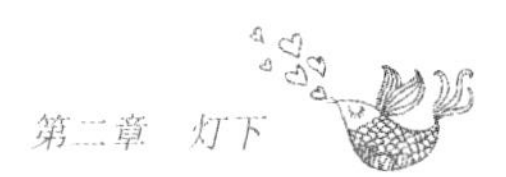

第二章　灯　　下

蜗居的鱼
神往着
以雷为蹄　以闪为翼
奔跑在最快的风的前沿
向着云海
和比海还高远的宇宙之巅

与忧伤无关

一息尚存

夜晚的煎熬在黎明的驱赶下褪去，光线离意识越来越近，脚步在春去秋来的穿梭中越感沉重。我已感到躯体的老去。青涩而又苍白的岁月淡出视线，渐入封存的是叮叮当当混杂交响的记忆瓶子。它在时光的阁楼里敲响着晨钟暮鼓，沉积着旧时的善良之物和卑微之情，沉默抑或喧嚣。但如今，转瞬即逝的光影里，忽然响起那时隐时现的音符，回忆的水波泛起涟漪，雨后天晴复又雷雨交加，一切在冲刷之下瞬间化为虚无，我重走在无生之路。

最亘久的还是时间，它始终围绕在我的周围，忽远忽近，无法驱散。在这个寂寥落寞的世界，五彩斑斓之下是无限泛白的一切。我常想，自己的原生生命可能是只头脑简单的小兽，潜居在城市的阁楼，昼行夜伏，寻觅攀爬；我还可能是只无知孤单的乌鸦，栖居在小区的树杈上，鼓噪喧闹，看遍市井。

市井是复杂无序的人群拥挤，市井是生命躁动的嬉笑怒骂，看上一眼，听上几声，我就再也没有耐心，无法继续。

早就下定决心不再为有些事费尽心思，更不为有的人荒废时光，可我

还是在违背自己。如今，那些不堪回首的折磨、困顿已成过去，那些难以释怀的纷繁情绪也已散开。我回到原地，看着满身泥泞的自己，一脸猥琐，孤单无助，内心竟满是诅咒和悔恨。那些曾经让我偷得片刻欢愉的男女之事如今让我感到无限窒息，潜藏在身体深处的召唤让我大汗淋漓、耗尽通体，而这些都不是灵魂出壳的释放，倒像是一场痛苦的妖魔附体。

到哪里去寻找深藏在内心更远处的灵魂之门，它一定藏在躯体的某处，我艰苦而又细致地寻找，一寸肌肤一根血管地寻找，路途遥远而又伶仃，我猜想抑或本无那道灵魂之门。

我的挥之不去的昨天有着最长久的疼痛。那些苟且的旧生活在来时的路上闪烁着幽光，它如鬼魂般附着在此刻的云朵、渐去的晚霞还有即将升起的朝阳之上，生活已经被它无所逃遁地覆盖。我内心的创口被再次揭开，不知所措的前程轻易地就被昨日打败，再次遭受重创。我已全然不是一只淡于丛林、志向单纯的小兽。

我跟随别人在这个虚无的梯子上攀爬多年，明知高处并无我所爱，高处并无我所亲，高处并无我所喜，仍跟随着前赴后继的队伍向前。我已经脱离杂草丛生的土地登上低枝，但我厌倦现在的栖居之地，厌恶我不断增长的耐力，憎恶我向前攀爬的双脚，轻看那些似有实无的荣光，在这鼠居之所，小心翼翼地经营着自己的尊严和光环，谨小慎微地交识着那些更加谨小慎微的人。我有时不爱这些一路同行的人，他们如我一样的落寞和无助，如我一样的屈从和谦卑。我常常想寻着海子的向死而生，寻着三毛的漂泊有道，寻着徐志摩的为爱痴狂，但现在的我就像得了阳痿，煎熬和憧憬占据着大部分的时光，然后是漫长的医治折磨，接下来是更加无望的萎靡和等待。我常常想如果可以的话，可不可以不做一个以码字为生的人，而是一个严谨的以数字说话的科研者。对，能够用数据说话的、用逻辑运算推理的科学家，可是这样我就可以逃出丛林，飞向远处的天空吗?

世间的善男信女很多，我本是个凡夫俗子，留恋齿存肉香。我从不吃斋念佛，虽然杀生吃荤，但我深信自己是个出家之人，来到这世上，写字、站立、行走、呼吸、做爱，无不是修行的功课。

太阳再一次升出海面，一只折翼的鸟凝视着平静又开阔的海面，我于这样的一个清晨再次沉入无休止的写作，无法停笔，无法入寝，无法切断。但这一次我已深谙虚伪并怀鄙视之情，这一次我将看着时光重回旧时，碰撞到旧时的怀疑和困苦，但毫无困惑的是，我一息尚存，来得及，我们都可以是另外一个自己。

草木丛生

我曾自诩自己是个文化人，有很长一段时间厚颜无耻地混迹于本地的文人队伍中间，和他们开怀畅饮，和他们昼夜长谈，和他们谋划做事，和他们聊天谈性。我与他们在一起并不是为了所说的体验生活、积累素材，而是为了写作之外的事。观察他们林林总总、纷繁多样的人生状态，是件非常有趣的事情。看他们的生活每天都如过山车一样充满戏剧性和讽刺性，我似乎看到了自己。我的身体里流淌着与他们相似的基因。如果我是他们，要是在那时那刻会是怎样？有万种可能，有千种版本，我也许就是他们。因为我知道，我和他们一样生活在草木之中，只不过路途各异。我看着他们风雨兼程，消失在林间小路尽头，又看到他们呼啸着从遥远的大道裹尘而来。有的豪车盛辇踏花，有的丝竹琴瑟蝶舞，有的临风沐衣长歌，有的衣宽解带松下卧。

我站在路口，看他们从身边走过，无法确认自己是他们其中的哪一个，或许任何一个都不是，或许都是。我和他们还有不同，我其实只是一个劳作的村妇，一个日出而耕、日落而息的村妇。草木浓密，布满荒野，我从早到晚地除草、播种、收割、打场，冷食自备的干粮，痛饮山间的泉水。山野的风呼啸着从耳旁刮过。我在废寝忘食地播种，希冀杂草中发出生命的奇迹，但有时是全军覆没，颗粒无收。

辛勤的劳作是我生之使命，死亡却是草木众生的宿命。无边的草木在

黄沙四起的北风中经历着严寒酷暑，一年又一年。他们甚至祈祷自己的下一个轮回能做一只吃草的羊。

草木丛生的荒野中，有很多人靠着尚可果腹的食物留下来开荒耕种。但有的人选择了离开，草木丛生的生活不诗意也不浪漫，这不符合文人的理想，于是离开的人们自诩不再苟且，为了诗和远方。“因为懂得，所以慈悲”，我注视着留下的人群，我懂得他们，就像理解我曾经无数个日日夜夜的过往。很多的路摆在你的面前，但都与你无关。原生之你我已经随着时光睡去，今日之你我却不得不在草木泥土中生根。我们的思维越来越愚钝和荒芜，显然找不到重回自己的路。我在草木茂盛的山峦，寻找自己来时的方向，在杂草丛生的荒坡，极力呼喊自己，回答我的是来回奔跑的风和泥土。那是草木扎根的地方，而今我却只看到东倒西歪无处躲藏的草被风连根拔起，随之消散。在此消彼长的风声中，我听到熟悉的节奏，同伴就在身旁，他们拉着我的手，呼喊着我的名字，我却看不到他们的样子。我明白了此中的道理：在这里只可相识，却难相知！

密集的雨水洗刷过的草丛耳目一新，我不为此陶醉，离开这里才是我的新生。我拥挤在一个等待出发的站口，人山人海，可是又该登上哪一趟列车又要开往哪里呢？此站是人潮涌动的湾仔码头，下一站也是人声鼎沸的商旅渡口。我放下行囊回到了出发的原点，那里有我的草堂，我的瓦屋。我重新修葺已经被雨淋透的蓑草，密匝而又厚实，堂内木制的小床只能容下一人之躯。忽地想起去年的某个时候，一个同路人的探望，短暂、逼仄又毫无生趣，草舍里的会晤是如此的寂寥，又不着边际，悻悻地赶来又踽踽地归去。其实，我是从心底里欢喜着一个声音的纳入，草堂如此之幽静我竟找不到一个能够共鸣的生灵。或许草芥之人最能听懂的是恒久不变的电闪雷鸣、疯狂席卷的北风和咆哮怒吼的山洪。

我虽不想永世与草木为生，但亦不敢离开以草木为根的生活，尽管这样的生活琐碎、艰难、劳而无获，但生活在草木之中，我方能找到命之根本，生之永在。如果有一个难得的机会，可以走出草丛，我想我会选择一个永不分手的离开。在山的那一头，我怀揣着昨日之泥土，走遍天涯。

与忧伤无关

母亲是一个会唱歌的人，经常边洗衣服边哼哼“树上的鸟儿成双对”，端庄秀气的母亲在歌声里没有一点哀怨，尽管对父亲的抱怨从未离开她的口舌。但母亲埋怨之后还是辛劳地为父亲做上一顿美味大餐，这是母亲的性格，也是习惯。坚持自己却也从不破坏自己立下的规矩。我从小并未在母亲身边长大，但自认为继承了母亲清醒而又固执的性格。很多时候我被强烈的虚无感笼罩着，纠缠在其中，不能摆脱，我想这和母亲一生面临的痛苦有着惊人的相似。

我性格敏感，但不知道为什么在祖父吃完年三十饺子去世的夜晚，我一言不发。半夜三更，空寂的乡下夜晚，周围没有一个人，面对即将入殓的爷爷我流下了喷涌而发的泪水，开闸放水之后便再无眼泪。在新年来临之际，听到爷爷病逝的消息，我拖着怀孕之身陪着父亲星夜赶赴老家——一个普通的东北小山村。出殡之日，在城市生活的家人没有出席丧礼是会被村里人耻笑的，作为长孙女，我身怀六甲出现在送葬队伍中。按照东北的葬礼习俗，亲属在仪式上要鞠躬九个，以回谢每一位来客，那一天我“点头哈腰”无数次后，腰部开始麻木，难以直身，旋即又跟随浩浩荡荡的送葬队伍在齐腰深的雪地里埋葬了爷爷。我感恩这位操劳一生、读过书的乡村男人，正是他用卖掉一头猪的钱让父亲上了学。

我知道拮据对于一个家庭意味着什么，我也知道出身农民的祖上没有其他的出路，唯有用勤劳抵抗生活的窘迫。当听说 70 多岁的爷爷自己买来红纸笔墨写春联到集市上卖，心里很不是滋味，又听说卖得的 10 元钱被小偷盗走，更是心怀不忍，用双手谋生的人就是这样停不下来地劳作，父亲还有我，都是一样。

祖辈留下了勤勉和隐忍的训诫，但我想和爷爷说，仅有辛劳和忍耐是

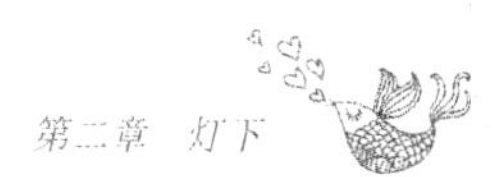

不完全的。我感念祖辈血液里流淌的不安分的基因。我早已经从祖父的纸红墨黑中体察到了自己骨子里的不将就，但这和生活经济条件的改善并无直接关系。偏偏我又是个得了强迫症的人，在生活里什么事情都要有个板眼，有时会为一次毫无收入的写作竭尽全力，有时又会对惊人的回报无动于衷。这不是矫情，而是不想接纳，就像执拗的人，只是想着自己是对的。这样的我有点自以为是、无可救药。

丈夫常希望我是个没有想法、循规蹈矩的人，气我说，小学教师更适合做他的妻子。我不为之所恼，因为我并不知道小学教师和我有着怎样的天壤之别。和母亲一样，认定的事就是自己的事了，与他人无关，今生不必为此改变，明天亦不为此坚持。丈夫痛苦着我缘何成为如此之人，他试图造就一个全新的妻子——温和淑良，木讷谦恭，逆来顺受。但我注定成不了那样一个听话顺从的妻子。我们都有些烦恼，但依然琴瑟相和，这与忧伤无关。

幸运的是，丈夫是个宽厚大度的男人，不与我计较太多，常常容忍我流离于众生之外。就像我喜爱的写作，需要敏捷、感性、细腻，而我有时只想麻木、笨重、粗糙。纠结的痛苦常常压迫着我写不下任何一个字，在最为厉害的时候我甚至会拒绝动脑、动口和动手，我小心翼翼地在局限的时空中守住自己的底线。

我说过，我混在文人队伍之中，如果让他们给我有一个评价，他们定说我是个无用之人，碰巧的是我也这么认为。妇人的生产、哺乳是我唯一成功的庸俗之事。我全部生命固执在我的坚持之中。在我毫无陪伴的童年时光，我学会了孤独地忍耐，坚强地存在。我尝试着遗忘侵犯之痛、吵骂之殇、恐惧之重，还有那永远不能触碰的蒙羞之耻。

我在父母漂泊不定的“迁徙”中找寻定居之所、灵魂之安。我无法抗拒来自他们的强大基因。如今，当年那个不懂事又气人的孩子已经为人父母，自当有尽孝之心。我给他们买了新的房子，给他们我赚取的稿费酬劳，让他们过上日渐富裕的生活，而他们从未看过我写过的一篇文字、一个段落。他们对此毫无兴趣，亦从未提及。他们一直在坚持以自有的方式对待一切，就像我坚持在两点一线之外完成自己的生命轨迹。坚定、固有、不放松，但有些沉重、孤立，好在这些和生活紧密，而与忧伤无关。

远 近 相 安

远 的 花

绿蕨独立房间的角落，容颜日暮，低头不语，谦虚怜人。它大概是前天或者昨天枯萎的，具体是哪个时辰我已经记不得。人一天需要记忆的东西太多，我们根据重要与否选择留存。自以为重要的东西，强迫自己要刻在脑子里，不重要的或者自以为不重要的就自动屏蔽了。这不是一种值得推广的做法，往往有些重要的事情，因为你的偏见而被忽略，仿佛记不起的事情就可以混过去，反正日子都是要忘记的。其实不然，它们顽固地存在大脑之中，不是为了记起，也不是为了忘记。它们只是一个个的独立存在，像花盆中一棵棵拥挤的绿蕨，它们一天天地枯萎，一天天地滋润，一天天地挺立，然后再重新枯萎。你甚至忽略了它们的存亡，它们只有忍受干渴的煎熬，艰难度日。时间于我是分秒计算的，于它们是用一轮轮的濒临死亡和死里逃生记下的。

我家养的花不多，我常在它们要干死的时候浇水。我并不觉得有什么不对劲，浇花的水迟早是要蒸发的。如果花儿不以决绝的姿态示我，我势必忽略它们的存在，因为一朵花的生死并不是我一天中重要的事情。

绿蕨是抚宁的一个花农“送”给我的。到他家采访的时候，他正埋头在一片绿油油的绿蕨丛中搬来搬去。近身看去，他手指斑驳，头发蓬乱，眼神疲惫，夹杂着熬了夜的血丝。他的背有些驼，或许因为长期弯身，已经习惯这种姿势。他粗暴地将小根从母根中分离出来，细心地栽到小橡胶花盆里。无论母根是否涨满水分，是否健壮，是否绿意盎然，一律置之不理，扔到一旁。然后，不知什么时候，被他满是黄泥的鞋子碾于足下。伺候绿蕨只是他日常的活计，度日的计量，只要日子停不下来，他就停不下来。他轮回地将绿蕨摊在地上，又移到车子上，最后出现在集市上。

花农起早贪黑，废寝忘食，顾不得衣衫整齐，却细致地将绿蕨打扮得溜光水滑。天一亮就光鲜地摆在市场招揽客人，像倚门卖笑的女子谄媚地看着来往的街客。直到花农接到买者的钱，绿蕨又被搬到车子上载入买主家。这时，花农便完成了一天中最重要的一件事情。花儿的命运在老农的手中传递到一个陌生人的手中，花农又重新开始创造另一个新生命。

花也是有脾气的，它有办法对付主人的怠慢。它怄气似的把洁白淡雅的花一直藏在蕊里，甚至是藏了一生。客厅的绿蕨，四年来，根茎葱绿就是僵持着不曾含过一个花骨朵，似乎在报复我对它的熟视无睹和置若罔闻。但绿蕨从没想用死亡来试探我的底线，它还没有这个勇气。

深度的报复于我了无意义。我仍然忙着自以为该忙的事，不会在一棵花草上多作逗留。星光流转，岁月如梭。花儿试图以微弱的力量来换取我的悲悯，而它却劳而无获。

它依旧用一整天一整天的时间，帮我盯着家里，与滴答的钟表为伴。阳光几点滑入窗棂，又几点偷窥完室内的秘密溜出窗沿；哪日的风，抚摸它的肌肤，亲吻它的脸颊，哪日的风，粗暴地曳过它的纤臂；几时下学的孩子骑着单车，吹着口哨，从门前呼啸而过；几时楼下红烧肉的香气，侵入我家空无一人的厨房，又孤独地散去；几时有只特立独行的燕子叽喳地顺着窗子闯进家门，快乐地盘旋两周，然后冲到玻璃上把自己撞晕，醒来后迷迷糊糊逃将出去……这些事情它比我更熟悉，因为它们几乎是它生活

的全部。

自从这棵绿蕨入住客厅后，它见到来往家里的客人比我多。在一个点上的坚守往往能证明它的存在，但这并不能证明它生长于世的实力。

而我想的事情却是和实力无关。人，一生能控制的东西不多，早上关上门就不知道什么时候将它推开。绿蕨不知道我浇了这次水，什么时候再浇水，就像它不知道，那该死的风儿几时温柔地吻它，几时又来粗暴地蹂躏它，而它只能无可奈何地躲避。它注定以土为根，挪到哪里都是大地的孩子。

一株植物和我之间的较量显然是失衡的。在这场较量中，它自知不是我的对手，但并不想低眉垂首地讨好我，就这样地“死心眼”，知道不开花我也不会将它丢弃，说不定我会善待郁郁葱葱的绿叶，反而运势大转。

浇了一大壶的水，我心满意足地坐在绿蕨前，喝着茶，端详着它，看它什么时候抬起头来，是否有埋怨？有感激？有委屈？有嫉恨？有挑衅？有顺从？可是盯了半天没有结果，想来世上的事情就是这样的，并不因为你认真而有好的结果，有些植物，有些人已经习惯一种卑微、倔强的生活方式。

转身进屋睡觉，也许明天我会和绿蕨同时醒来，伸个懒腰，打个哈欠，然后各自该干什么干什么。绿蕨不开花，那是它的秘密。

近 的 星

夜深人静，周遭平寂。月朗星稀,临窗独立。

整栋楼只有一两户还亮着灯，世界杯吸引不了早睡的人。我盯着单元口昏暗的路灯，长时间没有一个人走过。

叫春的猫在西院的拐角处孩提般哀嚎着。一声接着一声，拼命地撕扯着嗓子。在孤寂的午夜，一个灵魂需要另一个灵魂的慰藉。

我的书房并无太多家什，两张桌椅，两架书柜，整面墙的书很多没有读过。说是没时间读，其实是总轻易地放过自己。书房唯一的装饰是墙上这幅名为《高山流水》的字画，画框已经褪色歪斜，但几次搬家都舍不得丢弃。虽然那不是名画家赠送，仅仅是一次偶然所得——兰州画院一位叫宣兵的画家来秦交流，我特意求了这幅山水写意。山水都是灵性之物，我常端坐在它的面前，细品其中的滋味。

伯牙操手弄琴，子期双眼微合，醉卧古树，听琴凝思。半刻，曰："意在高山。"又过半刻曰："意在流水。"当子期潜心习学，染疾而终，伯牙五腹崩裂，几近昏觉厥，他断弦摔琴，誓不抚琴。"子期不在，又与谁弹？"千金易取，知音难得。知音契友是肝胆相照，是恩德相结，更是灵魂上的生死相随。

在黑暗的时刻，我们希望友情的阳光朗照心田。

夜色已深，星光隐晦，零星的雨冰冷地斜洒在窗前。眼睛干涩困乏，想要沉沉地睡去。而一个真实的自我脱离白日，在温热的夜的土壤上，冒出尖，滋长起来。一阵清冽的雷声过后，夜色比先前更显得沉重和压抑，而黑暗下让真实的灵魂有了安身之所。

白日里，哪个灵魂不是一条涸泽之鱼，在弹丸之地，桎梏之下，奢望一次畅快淋漓的摆尾？

黑夜是一道温暖的幕布，轻轻地拉上，灯光已熄灭，光亮之下的表演再次歇息，准备下一场的演出。都说人生是个舞台，而本色出演只等夜色来临，真实而至。

初恋男友现在已是功成名就的商人。忽闻，他从遥远的城市驱车来秦。以为爱情的芬芳经过十余载或许仍在他心底，而真正的面对却只是一次平常。冷静的眼神，外交式的语言，商务式的晚餐，无趣已无须多说。曾经的倾心莫逆变得如此陌生。走吧，走吧!此生无须再见，无须受累!

也许对商人而言，无不是经营的商品，无不是计算的利益。过时的感情或许是最廉价的库存商品，早该清仓甩卖。而商人的毅然决绝，在我看来是一种坚定的背叛。背叛了岁月的纯真，也背叛了生命的美好，只是他

浑然不知或不以为然。

我一直珍惜着那段时光，将当初的纯真牢牢地封存。那日，伸出手去，渴望相握，却孤独地停在空中，尴尬地收回。永别吧，你我再无须握手！

儿子的钢琴老师是从意大利留学回来的爽快女孩，她喜欢爽朗地笑，喜欢大方简单地对待朋友，喜欢将快乐与人分享。我常常约她出行，因为她有点纯真、有点可爱、有点我喜欢的不谙世事。

我不愿靠近机警如蟊贼样的男人和女人。在人群中我能清楚地嗅出他们的味道。这个习惯叫我深受其害。不遵守游戏规则，自然不能享受参加游戏带来的乐趣。身旁打交道的人常是那些脆弱时会流泪、高兴时会大笑的人，眼泪从心底流出，带有躯体的温度。不感觉冰冷，驿动的样子让灵魂温暖、湿润、热烈。

雨夜，默默地写下一行行给自己的文字，静静地寻找灵魂深处的自我。

写作于我，非是偶然，而是有常；非是自恋，而是自省；非是拯救，而是救赎；非是迷失，而是寻找。让白日裹在衣物里的身体挣脱紧密厚重的茧，在洗练皎洁的月光下，在清光潋滟的月色中，洗清颜面，明心见性。

女友因家人的病逝备受打击，在这个雨夜，她一身湿漉漉地敲开了我的门。当她孱弱的身体投入我的怀，我知道她需要一个躯体的热度去融化她。我们相拥而泣。她需要一个不大不小的拥抱，哪怕是简单的、礼仪式的拥抱，让一颗心都不再孤单，有了归宿。

可是，有时我们近在咫尺，却又隔着日月星河。

远 近 相 安

前不久我一直养病在家，疼痛在身上，恬淡却在脸上。

平日里躁动的心在书香的浸泡下安静下来，三言两拍伴时日，淡饭粗茶皆文章。手机一天比一天沉默，面颊一天比一天红润，心境一天比一天饱满。

小女人的天地从来都如潟卤之坻，孤独地守望在一片汪洋之中，如果再擅自画地为牢，岂不如井底之“女蛙”吗？不见井外乾坤，在家与单位之间、在相对有限的人际圈内，像个满负荷的陀螺，围着自以为的圆心转来转去，就连梦想也只有井口那么大。齑粉般琐碎的细枝末节塞满了空间。生活中没有惊心动魄的大事件，如果勉强要说有的话，那就是衣柜里新添置了一件波西米亚风的长裙，间或试一试，沾沾自喜一阵而已。

与自己厮守不是简单的独处，更不是单纯的消磨。它是一份平静的放弃，是一种简单的执着。与自己交好不是无由的放弃，更不是信念的妄自丧失，它是一种尘俗的解脱，是一种灵魂的升华。朱自清曾说：“有些人太丰富了，太复杂了，会忘记自己，看不清楚自己，我是什么时候都‘了了玲玲地’知道，记住，自己是怎样简单的一个人。”与自己厮守方能有机会把自己看得更清楚，方能知道自己该有怎样的生活，用自己的方式简单而又快乐地与世界相处。

世界方好，静动相宜；你我相邻，远近相安。

每当细雨蒙蒙的季节，幻想着自己生活在三月的江南，撑一把油纸伞，在微雨初斜的柳巷中踽踽独行，迎面擦肩一个幽怨的女子，娥眉纤腰，秋水含烟。就在目光交错的一刹那，我们凝眸无语，轻颦浅笑，意味隽永。那气氛弹指可破，水晶般纯粹、易碎、晶莹剔透。只有伞中人能体会“静听雨打荷”的意境。相知写在彼此相对无语的回眸、美丽的邂逅中。

厮守的人并不孤独，虽然没有人在你身边，但有人懂你。

梭罗在28岁的时候做出了个惊人之举。他离开喧嚣的城市，搬到波士顿郊外瓦尔登湖畔的森林中，并向世界宣告他独自生活的开始。他用细致的文人的手亲自搭建了粗糙的住所——一座小木屋，屋子里只有生存所必需的被褥、炊具、劳动工具，他要自己砍柴、生火、种菜……更重要的是他要在此阅读、写作。澄澈见底的湖水给了梭罗生存的基本物质来源，也给了他创作上的灵感，920天后一本轻灵、淡泊的骇世之作——《瓦尔登湖》就此诞生。书中记录了他在森林里的生活。他说：“来到这片树林是因为

想过一种省察的生活，从而去面对人生最本质的问题。”“不必给我钱，不必给我名誉，给我真理吧！”然而他所渴望的真理是什么呢？人生最本质的问题又是什么呢？给“我”什么真理？梭罗没有告诉我们，但我想他厮守在湖边、厮守着自己的时候，完成了一件比创作更伟大的事情。那就是对生命的深度追求和对人格的无限升华。这无疑为世人提供了一种追寻生之真理的途径。

在这个物欲横流的时代，一个人摈弃欲望，无欲无求，不太可能，但对欲望的追求我们是否可以有所节制？是否该多一些自省？与自己厮守，与世界和解，本不必苛求什么地点、形式，不必像孔圣人一样“吾日三省吾身”，更不必像梭罗那样非要寻个山清水秀的幽静去处，只要有一颗淡泊的心，自省便会无处不在。这与远的花草树木、近的日月星河，与不远不近的湖光山色，似乎都没有什么关系，相关的只是你的草芥之命，你的随遇而安，你逐渐远去的求真本意和守拙之念。

花草树木远近相安，日月星辰死生相阔。以一个淡泊的态度，在斑斓喧闹的生活之外，寻得一片恬淡纯净。它不是小资们的矫揉造作，而是普通人的生活智慧，是一种不可忘却的淡雅格调，是一种超脱俗世的清欢艺术，更是一种睽违已久的生命情怀。

闲话爱情

爱与嫉妒

都说爱情是自私的，这话我相信。

恋爱时在荷尔蒙的作用下，人的心胸似乎比平时狭隘得多，看不见青山绿水，更看不见海阔天空。世界只剩下一个人的存在。或者说，占有那一个人就足以拥有全世界。她要求恋人要多多宠爱自己，但从未想过自己付出多少。

说来也怪，古往今来的爱情莫不如许。感情比不得其他，财产、名誉、地位似乎都可让，哪怕是江山社稷，唯独爱情谦让起来好难。深受儒家思想的东方人说，这是“食色性也”，与生俱来，难以让之。

西方的圣经中教导人们：若犯了饕餮、贪婪、懒惰、淫欲、骄傲、嫉妒和暴怒七宗罪必将遭受万劫不复的灾难。

因为饕餮，我们无穷尽地获取美食；

因为贪婪，我们无休止地掠取钱财；

因为懒惰，我们偏安于一时的享乐；

因为淫欲，我们陷入不能自拔的情海；

因为骄傲，我们只要求对方殷勤示爱；

因为嫉妒，我们无由地怀疑对方的真心；

因为暴怒，我们冲动地迁怒并拳脚相加……

在我看来，谁在爱情的环节中都会犯下七宗罪中的某些罪行。特别是当你有了情敌，抑或是假想敌，嫉妒之火便由心生。

培根说：“在人类的各种情欲中，有两种最为惑人心智，这就是爱情与嫉妒。”确实是这样，它们就像是爱恨一体的双胞胎，是雌雄同体的双面人。正面为美轮美奂的爱情，背面则为苦海重重的嫉妒。当爱情变脸为火光冲天的嫉妒，便会像吸食了过量海洛因的吸毒者，产生幻觉，出现戕害和杀戮的血腥事件。

恋爱中的普希金嫉妒到极点，拿起长剑与对手决斗。他要用行动证明自己的爱，他要用生命捍卫爱情的忠贞。或许是特殊的时代决定的，或许是特殊的性格决定的，拿起武器来赌注爱情，其实最后是失去了爱情的全部。换一个角度说，极端的爱情是不是容易转化为极度的猜忌？极力的抵达是不是容易导致最终的不前？极致的美好是不是容易转为恶行的重生？

《圣经》的故事中有个堕落天使叫撒旦。它时常化成七种恶魔形象伤害众生，其中之一就是变成嫉妒魔鬼。它因为嫉妒其他众神的丰收，趁着黑夜，到众神的麦地里种上稗子，让这种叶子长得像稻子的害草悄悄地在稻田扎下根，慢慢地占据稻田。它则道貌岸然地躲藏在暗地里偷窥、窃笑、暗喜。如稗子毁掉稻田，世间很多美好的东西也同样如此，它们悄无声息地被因妒而生的阴险毁掉，自然也包括爱情。

嫉妒是如此卑劣下流的一种情感，它如此长久地潜伏在人类的内心，像恶魔一样驱使人类多行不义之事。人类早已深知其害，不同信仰的人用不同的办法消除它。信奉基督教的人靠教义来遏制它的蔓延，佛教徒靠禁欲来阻断它的发展，受儒家思想教育的人要求用谦、良、恭、俭、让来约束自身德行。可是嫉妒仍像个妖媚的女巫来无影去无踪，巫术高明，法力无边，与美好的东西形影相随，蛊惑人心。爱情如此美好，嫉妒的恶魔自然不会放过它。

爱情和嫉妒是孪生的姐妹。一句无意的话，一个无关的眼神，都有可能让你中蛊。稗与麦，情与惑，美与丑，可以亲手根植，也可以随时斩除，关键你是不是心清眼明，卿卿我我时你是否都厘得清。

爱与现实

欲望是什么?有人说，欲望是理想，就像美好的爱情。有人说，欲望是食色，就像现实的婚姻，欲望让理想和现实离得很近又很远。

国内整形外科专家陈焕然，名声在外。他在雕塑人体美的方面，造诣匪浅。找他做手术改变自己形象的女子不在少数，但他却有着自己的原则，不是有钱就给手术，遭到拒绝的明星就很多。他认为谁都可以梦想通过外科整形手术提升形象，但只有为那些身高、三围、五官具备打造条件的人实施手术才叫极品手术。陈大师做这样的手术更多的时候是为了塑造艺术，无关道德层面。求美是一种现实，追求艺术就是一种理想了。现实和理想相差多远？不远，其实只在一念之间。

梁晓声说，女人一定要提防男人，因为现在的男人越来越与非洲公狮相近。梁晓声的话听着有点绝对。不过现在的社会中确实有一大部分的男人像公狮子一样，越来越霸道、专横，略施权术即可将男人斩于马下，将女人掠入怀中。

老中青各个年龄段的男人都自有招数，“争奇斗艳”。

老男人宝刀不老，职场、感情、生活诸样跃跃欲试，力在迟暮之年再次燃烧生命之火，碰撞黄昏激情。职场上有种“退休焦虑症”的说法，症状之一就是当权者面对即将失去的权力，诚惶诚恐，极尽敛财猎艳之事。当然触碰法律底线的也不在少数，被进牢抓监的更不用说。

壮年男子运筹帷幄，阅人无数，驾轻就熟。在盛年之季，职场情场双丰收，春风得意,尽享人生饕餮美色。

愣头小子，啃老噬老，攀比耍酷，疯狂地宣泄青春，花明天的钱享受今天的生活。看到他们，我们只看到了现实，看不见任何“志存高远”的未来。

女人该提防这样的“现实”男人。不过，男人好坏都有，关键是该提防自己，万不可听信花言巧语，要学会明辨是非，错误地选择了糊涂的男人，或者糊涂地选择了错误的男人，都不次于人生的灭顶之灾。

男人是现实的动物，有时候女人比男人现实得可怕。

还记得《围城》里面的孙柔嘉吗?当初自认为方鸿渐是不可多得的“绩优股”，追求他时非常会“装”。邻家女孩似的说：“我照方先生的话去做，不会错的。我真要谢谢你。我什么事都不懂，也没有一个人可以商量，只怕做错了事。我太不知道怎样做人，做人麻烦死了！方先生，你肯教我么？”孙柔嘉假扮清纯来迷惑方鸿渐。她果真什么都不懂吗？这是熟稔地矫情，这是虚伪地柔弱，这是卑鄙地引诱。方鸿渐却毫无防备地一步步被套牢，成了孙柔嘉的猎物，最后按部就班地“被结婚”了。现实生活中的“孙柔嘉”太多了，这已经不是女人的提防，而是女人全方位的设计，全面的攻势，虽然号角只有她自己听得到。

前几日，偶有酒醉微醺。过后一直问朋友，有没有说什么出格的话或者过分的举动？“没有啊！”善解人意的朋友轻描淡写地回答我。最终，朋友架不住我再三追问，用一句话回答我说：“如果你下次想知道自己是不是过分，你就检查两样东西，一是钱包在不在，二是贞操在不在。因为这两样是女人最在乎的东西，你这两样都没丢吧？所以你没问题的。”这句话似乎很有道理，但不是放之四海皆准。有些恋爱中的女人，认为这两样东西都没丢，才是失策呢！

女人啊女人，奇怪的女人；男人啊男人，腹黑的男人；爱情啊爱情，沦落成了双方的现实较量。

爱与完美

现在谁手机里都有看不过来的各种交流群，群里有很多“潜水”的人。某些热点话题一出现，他们就会浮出水面。比如提到大龄剩女的问题，只要一聊起来，大家就开始热心地聊开甚至帮着互相介绍。

大龄剩女已经成为社会普遍问题。真的为这些嫁不出去的姑娘们着急，于是冲动地帮着牵线搭桥。儿子的钢琴老师从意大利留学回来的，模样洋气又优雅，性格随和又文静。给她介绍了一个燕大的小师弟，研究生毕业，国企上班，科级干部，一表人才，稳重能干。在我看来，两个人一个出脱得清丽，一个事业小有成绩，可见面没两分钟就有了结果。男生说：“我没有恋爱的感觉。我一直在寻找一见钟情的感觉，我喜欢清纯少女型的，这个女孩看着有点成熟，我不想放弃初衷，还是算了吧。”我只能鼓励他说：“缘分没有到来，继续慢慢找吧！”但事实是，35 岁的大男孩还在寻找琼瑶剧里的多情少女，听起来不太容易如愿。可惜，一个很优秀的女孩子他正在错过，只是他还在固守着自己，还是别惊醒梦中人吧！

像他这样有自己择偶原则的人不在少数，有的女生一定要找公务员，有的坚持要找大学老师，有的男生非美女不见，非少女不娶。这些坚持还能理解，有的提出左撇子、戴眼镜、爱打呼噜的都不行。他应该先看看自己是不是驼背、口臭、香港脚。谈恋爱都要找情投意合、两厢情愿的，可是择偶标准细化到这种程度有点搞笑，无形中是自己增加阻力，尤其是有些大龄青年的择偶条件近乎苛求，从而缩小了相亲范围。爱情可以完美，但开始相亲就完美成这样是不是就有点吹毛求疵了。

据有关人士分析，大龄青年找不到恋人有几个重要原因。有的是自认为经济独立，有房有车，不愿意找比自己条件差的，多年的奋斗，不想让别人和自己分享成果；有的是遇见的这一个还不如上一个，一个得比一个强，不愿轻易降低标准，始终觉得自己是二八妙龄，无来由地自信下一个

更好；有的是从不肯主动追求别人，总是被动地等待天上掉下来个宝哥哥、林妹妹，追求别人是要付出的，而我只想等着爱情主动敲门，因为我是举世无双的公主或是王子，诸多等等。他们总是自认为理由充分，从不想改变自己。“80 后”是被宠坏了的一代，如果能多考虑父母、亲人、他人的感受，也许事情会有变化。其实，改一改，变一变，换个角度，换个思路，也许爱情就在门口等候。

弯下身去，关心别人会让你温柔百倍；相对而视，学会聆听会让你善意洞开；放下攀比，平等相处会让你轻松恋爱。大龄青年恋爱的关键是一定要学会换位思考，学会改变自己，学会成熟地看待社会，学会抓住真感情。在改变中体会人生的机缘，在调整中认识现实的骨感，在认可中体味生活的斑斓。

你若微笑，世界将会爱意无限；你若倾心，世界将会敞开心扉；你若张臂，世界将会揽你入怀。从此与世界和解，与爱情温暖相拥，永不分开。

与散文“同居”

一

据说西方的文学体系里并没有散文这一分类，他们把韵文以外的文体统称为散文。小说也可概称为散文。也就是说，散文并不是独立于诗、小说之外的文体，这和我们中国的文学体系大有不同。

中国的散文创作源远流长。从先秦诸子百家开始的古代散文到现在的白话散文，洋洋洒洒几千年，形成了自己独有的艺术体系和文学脉络。后人从这些丰厚的历史积淀中吸取了宝贵的创作精髓并发扬光大，不断创作出光芒四射的新篇章，但在散文创作的大繁荣背后，也出现了一些让人担忧的怪现象，如：格调不高、缺乏文学内涵等。

低门槛准入、滥竽充数、网络文体盛行、不规范评奖等等大概是造成这些现象的原因吧。

中国现在的散文创作可谓队伍庞大，大有全社会写散文之势。似乎懂点汉语、会遣词造句的人随意写下的文字，就可以叫作“散文”。散文似乎铺天盖地、无处不在，大有振兴之势。

这种表面的繁荣让没有专业文学知识和鉴别能力的人产生了误解。散

文创作队伍的壮大与各大报纸刊物散文版面甚至一些文学网站的蓬勃发展不无关系。这些阵地给了他们展示的舞台和充分的自信。有的人误以为报纸刊物上或者是文学网站上发表的文章就是文学散文了，甚至对标有“写作”“文学专版”“文学网站”字样的版面、网页肃然起敬、顶礼膜拜，不管它是什么性质的报纸，什么内容的网站，凡是和“文学”“写作”沾上点边儿的都高看一眼。其实，各类文学版面、文学网站的水平也是参差不齐，有的就是在装腔作势、胡言乱语、形同虚设。

另外，随着微信、微博、日志、文学网站等新兴媒体的不断推出，发微博、微信逐渐盛行，交流表达欲望的增强，特别是手机即时随拍的便利更是鼓舞了人们发布言论的积极性和主动性。现在全民都可以成为某个事件的叙述者、发布者、评论者，人人都可以就一个关心的话题写出一段文章从而成为微型散文作者。尤其是那些被多次转载的小短文，很有文采、很文艺、很深刻，但这并不是格调高雅的纯文学散文。或者因为事件本身是热点，或者因为作者自己就是网络红人，或者因为是段子高手所写等等。这些文章在网络上甚至是文学网站上泛滥成灾，造成了散文创作队伍充斥着大量的网络水军，严重地影响了大众对散文文学的正确判断。人们以为这些热门文学帖子就是大散文、好散文，其实，那只是散文的新行头、新折子、新门面，不是散文的真面目。

全民写作的大量涌现必将拉低精英散文和专业散文的创作水平。同时，新媒体的盛行让散文的阅读变得更廉价和便利，使原有对散文存在敬畏感的读者群不断流失，不断弱化读者辨识纯粹散文写作的能力。泛滥写作的现象在加剧，世俗创作的人群在加大，写作的发现和表达在变得越来越任性、趋同、随意，这些导致纯粹散文文学创作被庸俗化。

越来越随便的散文创作像越来越普遍的同居，当下的人们谁还拿同居当回子事啊？

二

据专业人士认定，专职写散文的人别指望获得诺贝尔奖，因为历届的诺贝尔文学奖都没有授予过这类作家，而是以小说作家为主。因为散文和小说的创作不同，小说的创作除了语言文字之外还有许多重要的文学创作手段和技巧，如：人物塑造、故事结构布局、小说潮流、创作手法等等。即使语言不通，中外的小说也有许多互通互鉴的地方。而散文的表现手法就显得有点单薄。它主要的创作手段是语言本身。汉语又是世界上最独特的语言，它有自身独特的外延力和内张力，和以字母为媒介的西方语言相比，它太难掌握、理解和相通。相对而言，以汉语为创作基础的中国散文客观上“画地为牢”，难以对外交流，似乎是“封闭性”的文体。

中式散文因语言背景和文化背景的不同难以获得最广泛的世界认同。虽说我们写散文的目的不是参与诺贝尔评奖，但从另一个侧面说明，散文离不开母语的滋养，但若因为受宥于母语，而妄自菲薄，同样难以在世界文学的丛林中成长为枝繁叶茂的大树。

无论怎样，母语创作的水平首先决定着散文创作。写散文不是一件轻而易举的事情，语言文字功夫不可忽视。但散文同样不是凭借语言功底空泛地“炫技”就能成功，语言要一语中的，要言之有物，要情真意切，一味地炫弄语言，就成了无聊的语言游戏。

中国的语言文字博大精深，所谓的“一句话百样说”。散文只是广阔无垠的语言宇宙中一颗微乎其微的小行星。这颗小行星驾驭自己语言的核心，按照自己的轨迹运行。我们常见的散文语言有“纯文学”和“非文学”两种。两种散文语言是完全不同的类型，是不能混淆的，更不可同日而语。非文学语言用多了，就成了庸俗文学。

那种利用通俗语言陈述事件、介绍人物、抒发情感的文章，即使是微言大义，也带有常识性、娱乐性和消遣性。没有文学素养、文学内涵和艺

术手段的文字表达只是一种浅表的文字，充其量带点文学的色彩和艺术情趣，这不是真正的大散文，是散文的“小家碧玉”，是散文的“细枝末节”，是散文的“初来乍到”。大散文需要更开阔的视野，更宽广的胸怀，更高远的志向，是散文的“大家闺秀”，是散文的“参天大树”，是散文的“中流砥柱”。

文字浅表的俗段落是散文的低能儿，不是散文的萌芽，因为它永远也成不了“栋梁之才”，或者说它们是文学散文的“妾”。“妾”的格调自然不高雅，还带点偷情的味道，没娶进门前名不正言不顺的，只有暗地里同居的份儿了。

我们暂且称这些林林总总的“泛散文”为“伪散文”“通俗散文”“非严肃散文”，是它们共同杜撰了散文的“同居生活”。

三

目前国内文学的各类年选、评奖、竞赛等蔚然成风，散文评选活动也是遍地开花。各类评选都出现了标准不一、认识各异、组织随意等现象。《美文》杂志副主编穆涛说，散文文体界限模糊的现状也使得散文的评价体系和评论现状堪忧。

散文虽说是一种非常自由、灵活的文体，但也是有一定之规的文体。上学时，中学课本上说散文要“形散而神不散”，今天看来这种说法多指就一个主题多向发散思维的散文而言，而仅对某件事集中叙述和描摹的散文而言，其实是不存在这个问题的。但无论是细微到对某件事、某个人的具体叙述，还是囊括某类历史文化散文的深度探究，散文都要求有个体的真情实感，都要求有个体差异化的自我认知。

我特别喜欢《散文》这本杂志。多年来，它一直伴随着我的成长。我喜欢编辑遴选散文的谨慎和挑剔，矫情和深刻。尽管也有不尽如人意之作，但它所刊登的大多数作品体现了编辑对待散文的庄重态度，也体现了原作者对待写作散文的敬畏之情。最近一年来，《散文》的封面变换了关键词，叫作“表达你的发现”。这句话即表白了《散文》的办刊思想，也向读者许下郑重承诺——“办刊物我们是认真的”。这或许是《散文》多年来一直不缺少拥趸者的原因吧！

所以说，人云亦云不是散文，没有“你的”态度的不是散文，没有“你的”情怀的更不是散文。散文最重要的就是从个体出发，表达真实的个体世界。散文从来不是他述，而是发自内心的自述。鲁迅文学院副院长李一鸣则曾把“有我”和“求真”视为散文的重要特征，并认为“不同”“不俗”“不凡”是散文的三个境界。

由此可见，散文是真我的真性情的体现。一个虚伪的面纱伪装得再成功，在真实的面前也会露出马脚。在散文中增加设计、夸张、虚拟的桥段，成了最近许多新锐作家的表达手段，这种现象甚至越来越普遍。但假的永远真不了，相信随着读者的日趋成熟和散文评论界对散文认识的加强，那些疑似真情实感的伪散文终究会被人唾弃，沦为垃圾。

“有我”和“求真”永远是散文不可失去的两块落脚石。

那些“伪散文”“俗散文”要想告别“同居”状态，进入文学散文的婚礼殿堂，首先要回归“有我”和“求真”，让散文变得可感知、可想象、可触摸。让散文变成有感染力、有艺术魅力、有审美表现力、有生命动力的鲜活文字。经过这番改头换面，穿上新衣，坐上新轿子，明媒正娶地进入洞房。

散文并不是公共汽车，也不是“人尽可夫”的妓女。通过语言记录生活、表达情感是人们的共同心愿，但这些不是真正的散文，真正的散文远比这些要丰富、深奥、宽广得多。

散文是严肃的“婚姻”，别以为“同居”就是婚姻，即使你的自我感觉再良好，群众的眼光再宽容，你们也没有那个响当当的小红本，上不了大雅之堂的。

泪痣美人

一

她就在旮旯的摄影作品上笑，笑容从微微翘起的嘴角轻轻漾到全脸。如果不仔细看，不会发现平静的脸庞有些许的喧闹。她光滑圆润的额头，藏着青春的水分，没有遮拦，鲜嫩顾自倾泻。一池碧波秋水，熠熠生辉，纯净的水波就要荡出画框之外，挡也挡不住。那是一种属于年轻女子的纯净眼神，大胆直接，执着笃定，无所顾忌。她在那里斜睨着你，让你过目不忘，不禁仔细打量。

原是让你惊鸿一瞥的女子。

美人的脸上有一颗明显的泪痣。泪痣并不是什么稀罕物，但有些遗憾的是，它在一张笑容幽深的美女肖像上，赫然轻现在美人微蹙的眉梢，一不小心像要透露出心中的秘密。点点的忧伤化作欲滴的泪痣，那是欣喜的忧伤吗？那是强作欢颜的笑容吗？关于那颗痣的猜想涌上心头。像是个诚实的、不慕虚荣的孩子，把缺点和要求写在脸上。拍摄者没有用厚厚的脂粉刻意地掩盖突起的黑色，而是坦露出来。这或许才是真实的美人，给人留下深刻印象的美人。

那颗忧郁的痣把美拉向残缺，也把美拉回更完美。它的美甚至带点刺痛，仿佛一把利剑直插五脏六腑，在内心深处最柔软、最干净的地方，让你看到怜惜的、缺失的现实世界。

走出展览馆，我独独记住了这幅叫作《泪痣美人》的摄影作品，它在整个展品中并不是热点，也并非大家所拍摄，但它却让人印象深刻。都说艺术的最高境界是打动人心，站在这幅作品前，我的内心被深深地触动。

这颗带着点遗憾、带着点残缺的泪痣，曾被定格在文学作品的无数个瞬间。

70 多岁的杜拉斯听说她 16 岁时的初恋情人去世后，用狂乱激情的笔写下了小说《情人》。性、孤独、欲望是她写作一贯涉猎的话题，漫无边际、晦涩难懂的描述是她一贯的作风。这一次她变本加厉，她忽略年龄，把“她和她手下的笔”发挥到了极致。她的行文像一个语无伦次的老人，在你耳边窃窃私语。有时口齿含糊，有时前言不搭后语，听者如果不自行逻辑，恐怕会摸不到她叙述的头绪。她就是用这样一种无序杂乱的文字真诚地、毫无保留地向你述说着一切。20 世纪 30 年代在越南，一个情窦初开的少女遇到一个“高富帅”的熟男的爱情故事随之慢慢铺开。

拿起这本书，你不会介意那些条理不清的叙述，你早已沉浸在杜拉斯为你倾心敞开的心扉里。年轻激烈的爱情我们都曾有过，而能像她那样无所顾忌地真诚倾诉，我们不一定做得到。不由自主地，你会关心那个孤零零地站在甲板上的 16 岁法国少女。她穿着一件快磨破的真丝衬衫，脚上蹬着一双廉价的塑料凉鞋，稚嫩的脸庞涂了口红、敷了粉。她的目光一直没有离开同在甲板上的、穿着浅色柞绸西装、吸着英国烟的中国富家子弟。你关心他们缘何心有灵犀，缘何不能自拔；你关心他们在出租屋内的第一次亲吻和云雨之欢。

古稀之年的杜拉斯向读者坦诚着自己的情感。因此我们原谅她叙述的絮絮叨叨、不加删减、大段跳跃及逻辑思维的混乱。我们不会因为杜拉斯蹩脚的叙述而放下对她所述故事的关爱。就像那幅摄影作品，一颗泪痣的存在并不影响你对美人的赞美、对作品的喜爱，它反而越发真实、可靠、

诚恳地吸引着你。

二

余秋雨在著文中谈到美时说："没有皱纹的祖母是可怕的。"世间尤物本是一件充满遗憾的艺术，过于完美的事物往往给人雕饰的痕迹、夸大的虚伪和不切合实际的浮夸。残缺美是留有空间的想象美、基于现实的自然美和可以重塑的艺术美。

无独有偶。

周作人在给友人孙伏园的信中不紧不慢地述说着在香山碧云寺里的起居生活。"天气是由连日的阴雨到接连两天的大雨。院子里颇冷清，般若堂里的和尚们摊在凉席上的香椿干非但没有干燥，反而更加潮湿了。听说其中有个和尚是偷了寺内的法物，先被打了一顿，后被捆送到衙门去了。"这种开头有点像他哥哥鲁迅在《秋夜》中的描述："从我的后院，可以看见墙外有两株枣树，一株是枣树，还有一株也是枣树。"有人说，这是文豪不负责任地拉家常，这是大师信口开河地随意写。大家怎能如此轻率著文？名家怎能如此作践自己？美文怎能如此直白？我们简直不能容忍美文的"土得掉渣""俗不可耐"。

其实我们的头脑中已经先入为主，既然是大人物的文笔，出手一定是惊天动地，落笔一定是气势磅礴，行文一定是标新立异。一个如此轻浅、平凡的叙述，让人断不敢想象是出自大文豪的手笔。这种想法就像我们内心容不下美人脸上的那颗痣。我们希望她的美是毫无瑕疵的，这才符合我们对美的完美期待。

静水流深，水面微澜。其实，美是这么平静无语，是这么不动声色。艺术的炉火纯青讲究在平静舒淡的描写中蕴含老练劲道的"委婉"功力。那是历练后的内敛，是超拔后的低调，是沉淀后的自然袒露。

金圣叹曾说："文章之妙，无过曲折。诚得百曲、千曲、万曲，百折、千折、万折之文，我纵心寻其起尽，以自容身其间，斯真天下之至乐也。”借物言志，寄情于景，情景交融的文学作品我们读过很多。它们让人读起来意犹未尽、回味无穷。《秋夜》开头一句貌似平淡，正体现鲁迅文章老道的语言艺术。正所谓“庾信文章老更成”。鲁迅的文章是越老越幽深。对其作品的解读，须知其委婉之意，不擅直来直去。像《秋夜》中的枣树接下来的描写是“落尽叶子，单剩干子了”，“默默地铁似的直刺着奇怪而高的天空”。鲁迅用坚硬甚至有些无趣的笔隐喻时代、暗指现实、比拟历史。读懂鲁迅的人知道平淡、精练的文章表面，隐藏的是一个手法纯熟、用意深刻、表达犀利的魂魄，需要慢慢体会，而不是只看文章表面，简单地理解字面意思。

如此，泪痣在美人的脸上，我们似乎看到了比美更多的、更加来自内心的内容。

三

还记得唐代诗人崔护的名句“人面不知何处去，桃花依旧笑春风”吗？他写了诗人在“踏春偶遇”佳人，两情相悦之后“重寻不遇”的遗憾之情，读之惋惜、扼腕。国人已经习惯了才子佳人的佳偶天成，花好月圆。据说后人为了成全诗人的爱情梦，特意写了续作，更改了不尽如人意的结果，变为殉情的少女起死回生，与书生再度重逢，幸福相守一生。据说国外也有很多人悄悄地给雕塑《断臂的维纳斯》接上胳膊，试图复原她的健全之美。这种心理是不是如同一辙？

人们似乎过于关心美的表面完整、结果圆满，而忽略了内在的灵魂和精神的所在。有的时候，表层之下蕴含的摄魂之魄、超拔之力更能感染和打动人。莎士比亚曾说：“赢我爱情者，在乎于妇人的诚，而不在容貌之美。”莎士比亚一生都没有情人，很多学者怀疑他是一个同性恋者，我们对此不作评价。我们需要赞美的是他的妻子，从结婚开始一直在家乡等待

莎士比亚从伦敦回到故里。二十载光阴匆匆而过，等待的日子每一时刻都是泪水，每一天都是难熬，她终于等到了48岁的莎士比亚复归家庭，重续前缘。也许是二十年的分居生活让他有了愧疚之情，也许是其他原因让莎士比亚回心转意，也许真的是妻子多年如一日的坚持和诚意感动了他。丑陋、年老的结发之妻内心拥有怎样一颗坚定深爱的心啊！

一颗泪痣可以长在脸上，但不能生在心里。看待他人抑或看待自己,重要的是关注内心。天生有泪痣，后生无春秋。生活的缺失和无常让生命立体多维，多角度的欣赏和理解让生命蕴含内在的灵动。

美好总是要靠目光所及的判断和内心所触的评说来断定，美好的愿望有时也是美好的结果。张爱玲一直用苛刻挑剔的笔调审视生活。她把生活的丑陋刻画得入木三分，把人情世故描写得那么庸俗鄙陋，也是她动情胡兰成之时流露出那么柔软的情怀——“因为爱过，所以慈悲。”她说为了爱一个人她可以“低到尘埃里”。她飞蛾扑火般地涌向爱情，奔向爱人，回头却是黯然神伤梦一场。那颗痣一直在脸上，也一直在内心，只是她不愿意看见，也不愿意相信它的存在。如此饱受非议的爱情定是有残缺不全的理由，有不合时宜的现实情况。不被接纳，接受当下，守候愿望，或许也是一种美好。

张爱玲曾经赤裸裸地抱怨说：“生命是一袭华美的袍，爬满了虱子。”在悲观主义者看来，这是好恶心的一件袍子，但我想有了虱子的袍子并不影响华美，关键是要看你怎么对待它，将它拍死让斑驳血渍化作点点梅花，还是当个宠物娇惯着伺候着它，让它自由快乐地攀爬，抑或手起刀落将其斩尽杀绝，这些都是你快意人生的抉择！

一颗泪痣，在她的脸上，也在我们每个人的心里。

一起的男友说看完展览在门口集合，他又爽约。迟到是他改不掉的毛病，无奈之下只好电话寻他，正要一通牢骚，得知他又重回去看《泪痣美人》了。原来，我们之间还有那么一些的心有灵犀。

生之无声

一

随着电锯喧嚣地滑动，木屑四处飞溅，细碎的刨花板屑堆积在他的脚边，像虚空的小山。间或有调皮的粉屑跳一个高，落在他长长的睫毛上。睫毛不再是黑色，反而因落了太多的尘变成灰褐色，一眨一眨的，像在关闭和开启某扇不易察觉的门。落满灰尘的脸像大集上即将登台的土戏演员，看上去有一点夸张和滑稽。沉默的他只盯着眼前的刀具和木头，像印度街头的耍蛇人，目不转睛地控制着蛇的肢体，无暇顾及其他。世界似乎在他之外，他只关心手里的活计。他手指粗糙，骨节突出，皮肤干裂，指甲满是深陷的污垢，像云杉丛林中深厚的根部，堆积着陈年的老皮和凋落的枯木。但他的手却灵活娴熟，如儿时妈妈的巧手，能编织出花样各异的毛衣。各式板材经过他的一番侍弄，便成为一件件灵巧漂亮的桌柜，好象工艺品，令人爱不释手。

这是我第一次近距离地观察一个城市打工者。他是木匠包工队中年龄最大的一个，三十来岁，个头不高，其他的三个人二十岁左右。据说他们是手艺出名的广东木匠工队，来秦皇岛打工已经五六年了，属于本地最大的家装公司之一。据说他们公司实行年薪制，平时只开基本生活费，这样便于管理这些年轻的外出打工者，别赌博、别乱花、别四处闲逛惹事。或

许还有其他的原因，比如压着工资不让他们这山望着那山高，随意离开。不管怎样，那些坚持一年下来的木匠，到年底确实能拿到一笔不小的收入，回家过年，与亲人团聚。长久的分离只为了短暂的相聚，一年中的每一天对他们来说都是等待和坚持，但再难的日子只要有了盼头，就有了无名的勇气。

早晨新买来的烧饼和一个不起眼的不锈钢饭盒掺杂在零乱的工具中，像伪装在沙底的小螃蟹，退潮时独露出呼吸的小孔，如果不刻意寻找根本意识不到它们的存在。只是在搬动工具时一不小心碰到饭盒，发出叮叮当当的声响，你才会多想下他们一年四季的风餐露宿。他索性将来不及吃的烧饼拾起随意地扔向窗台。窗台下还堆放着鞋子、工作服、工具箱、钉子、电锯……歪七扭八地摆放着，像语无伦次的疯子漫无目的地胡说，一团糟的样子。他的话不多，全部的心思都放在手里的活计上，每当一道工序顺利完成，他的表情中会有一丝不易察觉的快意掠过。这时候他或许会抽一口烟解乏，或许会停下来伸直腰聊会儿天。但他脸上喜怒哀乐的表情从不非常明确，甚至有点轻描淡写，就如他们一日挨着一日的、散淡的生活。

多少次见他们三个一群五个一伙地走在城市的街道上。他们脚步忙乱又有点无所适从。手里拎着简易提包，肩上搭着脏兮兮的被褥行李，低头躬身是他们常有的动作和表情。不讲究质地、式样的衣物常常粘满油渍和污垢。穿梭在城市拥挤的人流中，他们显得有点卑微。在公交车上他们不敢坐在座位上，怕弄脏了别人；在火车上他们蹲在车厢交接的地方，坐在自己的行李上。他们很少与人搭话，因为那都不重要，也不是必需。他们是城市匆匆的过客。哪里都是他们的家，哪里又都不是他们的家，他们的家只有一处，在遥远的唯有思念可及的地方。那个地方的天空很晴朗，田野很广阔；那个地方泛着老母亲亲手制作的卤肉饭香；那个地方有听不够的妻儿的爽朗笑声；那个地方有熟悉的乡情乡音，有刚离别就渴望归来的火车站台。

无论走多远，一想到这些，就好像有一股巨大的洪流推动着他们义无反顾地、无声无息地向前走。

二

很多人都认为记者是个光鲜的职业，其实记者和无数个普通劳动者一样有着自己的苦乐哀愁。从业近二十年，最不愿看到的就是农民工讨薪无果到电视台寻找最后的希望，贫困的老乡为了寻找公道跪在电视台大门口不走，拉着条幅寻求媒体帮助。他们当中哪一个不是怀着对电视的信任？哪一个不是为了最后的生机？“铁肩担道义，妙笔著文章”是人们对记者职业的褒奖，也是对记者责任担当的期待。当弱势群体遇到不公正的待遇时首先想到的就是向媒体求救，记者为民鼓与呼是神圣的职责，每个富有正义感的记者都希望通过一支笔的力量为社会带来更多的公正和正义。但不是什么事情经过媒体的发声就可以迎刃而解，记者只有呼吁和引导舆论的能力，却并不是社会的特权阶层，即使不想辜负任何托付，有时也实难为力。

记得有一位青龙县的大姐抱着孩子衣冠不整地坐在电视台大厅的玻璃门口，哭诉村委会对贫困户发放补助的名额分配有问题。她自己患有一系列糖尿病并发症，丈夫又因打工致残瘫痪在床，家里的生活实在困难，而村里的贫困户补助却发给了村长的亲戚。她向镇里和县里都反映过这个问题，却一直没有着落。她说主要是怀里抱着的孩子无力抚养，特别希望通过我们媒体的介入改善处境。我望着哭闹不止的孩子，望着无助哀求的母亲，望着他们想送礼的一篮子柴鸡蛋，顿时一阵心酸。也许她说的不是事实的真相，也许事情果然如她所说，但眼前这一幕我不想再看第二眼，我的心在颤抖。到底是什么让他们从遥远的小山村一路颠簸赶赴这里？是什么让一个农家妇女鼓起勇气不怕得罪村长敲响媒体的大门？不是走投无路，不是哭诉无门，她怎么会忍饥挨饿、拖家带口地跑到媒体部门来解决问题？

这件事最终通过我们的调查弄清了真相，帮助这位可怜又勇敢的农家妇女争取到了应有的救济保障，也向有关部门反映了村长的违纪问题，村长得到了应有的处罚。看着她脸上露出罕有的笑容，我的心放松了许多。无疑她是幸运的，我们没有辜负她的期望。

这件事情彻底地尘埃落定前后用了三个多月的时间。在这段时间里，随着接触的增多，我进一步发现了这位农村大姐的朴实和善良。为了贴补家用，她带病种植果树，一个人承担了家里所有的农活。为了照顾生病的丈夫，她自己研究了一款手推车，可以把丈夫推出屋门，安静地在自家的小院里晒太阳。为了看护孩子，她把孩子绑在后背上，屋前屋后的养鸡喂猪。就是这么一个勤劳、坚强的农村妇女在偏远的农村坚定着生活的信仰，她要好好活下去，为了孩子，为了家，她要靠自己的努力争取一个最好的未来。

暮春五月，当最后一次从她家的山坡开车下来，我看到她种的山楂树簇拥在一起，开出不易察觉的白花。山楂树大概是我所知道的最适合在北方山岭种植的果木，它们不怕干旱、不怕严寒，不挑剔荒山野坡的生长环境，根他们的在哪里都能生长，都能开花结果。

一阵秋风将吹红山坡上的果实，密密匝匝，一片片的，像山村孩子冬天里冻红的小脸蛋，让人怜惜又可爱。

三

新来报到的女孩萱萱是河北传媒学院大三的学生，学习影视编导专业，通过熟人介绍，暑期来到我们部门实习。这是个时尚入潮的“90后”女孩。穿着超短牛仔裤，宽大上衣的一角随意塞进腰间，披肩长发颜色染得有些怪异，耳机无论说话与否都放在耳朵里，手机游戏打得行云流水、不亦乐乎。她刚来报到就毫不情愿地说，是她爸爸让她从泰国旅游回来后到这里来接触社会，她自己才不想来呢。她问我跟着记者出去采访，接触各种新鲜事，一定挺有意思吧？

今年全国的雨水特别大，连日的暴雨让各地爆发山洪、泥石流的风险加大。为了预防灾情的发生，秦皇岛从上到下抓紧防汛，防微杜渐，防患于未然。青龙县某隧道的山体属于秦皇岛地区容易发生险情的地方，同样是我们新闻媒体关注的重点。带着这个采访任务我们一路上冒着雨来到了防汛的第一线。萱萱的第一个随行采访就遇上这样的“暴虐”天气，心里有些不爽，但她还是决定和我们一起去体验“有意思的采访”。

我们冒着疾风骤雨赶往青龙，历时两个小时，终于在隧道的出口看到安营扎寨的“防汛大军”。他们多由附近的村民临时组成，50 多人分三班轮流倒，实行 24 小时全天候监控，保护路段。他们的“根据地”就是隧道口内几顶湿漉漉的军用帐篷，不远处竟然有小石块从山体滚落。他们顶着暴雨，穿着简易的雨衣，全身湿透，毫不放松地排除每一处险情，一个个“衣衫不整”的民工奋战在风雨中，像一棵棵迎风不倒的松。

随行的摄像记者为眼前的一幕所感动，在保护设备安全的基础上冲入如注的大雨中展开了现场报道：

电视机前的观众朋友们，这里是青龙满族自治县××岭隧道以北 7 公里处的路段，大家可以看到我身后的部分路段已经被山体滑落的石块阻隔，附近的村民正在加班加点地抢修中。截止到发稿前，他们已经处理和清除这样的险情路段 3 处。为尽早实现无障碍通车，今天夜里他们仍旧严防死守在这一地带，天气预报部门预告今夜还有雷雨大风，对于防汛人员来说，今夜注定又是个无眠之夜。大家可以看到他们的食宿环境，非常简陋，但相信他们的心是热乎乎的。现在就请跟随我们的镜头到他们的“指挥部”，去看看那里的情况。

跟随镜头我们看到“指挥部”里简单的桌椅上，散放着矿泉水、方便面、简易床、临时灶台和碗筷。带班的干部和刚换下岗来的民工在一起讨论险情，昏黄的灯光下是十几双坚毅的眼神，连续熬夜的缘故，眼睛布满血丝。当镜头对准他们的时候，他们竟都不由自主地躲着镜头；当采访他

们时，都羞涩摆手说没什么可说的，是应该的。

年轻的实习记者萱萱被震惊了。她说从没想过民工会住在这样的地方，关键的时刻他们守护着一方交通的安全。她不再像来时那样介意裤脚上溅到泥点。她说，自己从来穿得一尘不染，但这次不顾这些了。她说：记者的生活确实有趣，但有比趣味深刻的东西。

前段时间网络上有这样一则新闻：貌似城市人的乘客因无法容忍民工浑身上下的汗气将其强行轰下公交车。部分民工素质低、卫生差、眼界小不假，可他们正在默默地改变，凭什么将他们逐下车？他们一般是不会和你争辩的，因为他们一向是个沉默的、不爱发声的群体。

生之不公，命之不平，先天无法改变。

每个人都可如一片叶，体味生之春华秋实，再卑微的植株也同享有阳光雨露，正如一株株期待花开的山楂树在旷野的山坡无声绽放，同享迟到的春光。

我转身把一杯热茶放在木匠师傅的旁边，他喏喏地答应了一声，并没有抬头。

猫的浅吟低唱

一

猫，圆眼睛小鼻子，憨头憨脑，萌态可掬，是很多家庭喜欢养的宠物。狗，通人性，爱撒娇，喜玩耍，也是极受欢迎的居家宠物。不过，与狗比较起来，养猫的主人要多作思想准备，因为猫不但爪子会一不小心挠伤主人，嘴巴会在玩耍中咬坏家具，练习牙口时会把拖鞋啃得不成样子，关键的是它不如狗听话，经常我行我素，不服管教。

据说，猫虽然被人类驯化了3500多年，仍没有被完全驯服。对你的口令不理不睬的时候，多数是它自我小性子又上来的时候，它任性地趴在那里眯着眼睛，装着什么都没听见，让你对它无可奈何。暴力点揍一顿，“人家”跑远了，轻一点不起作用，下次依然故我。好吃好喝的，“人家”还要挑三拣四，多日没有好酒菜的话，“人家”可要到处溜达溜达。都有生活得更好点的权利，干吗非一棵树上吊死？

据科学家研究，猫是一种渴望平等的动物，从来不认为和主人是主从关系，而是平等的朋友关系。它经常幻想着和主人平起平坐，因此，当遇到不喜欢和不愿意去做的事情，它会拒绝。所以我们看到猫常逆着主人的心思而行，甚至有时摆出一副“别理我，烦着呢”的姿态。离家出走几日

不归是再平常不过的。没有给它平等的待遇，它自然要到外面“想静静”。

对于猫的种种不忠，人们似乎早有了解。什么猫是奸臣，猫有九条命等说法一直不绝于耳，可人们还是禁不住地喜欢它，靠近它。因为更多的时候，它可爱至极，娇憨之极。

小时候，隔壁的大爷前后收养了七只流浪猫。每天它们乖乖地和大爷一起晒太阳，不远不近地围绕在大爷身旁，安详地或躺或卧，不离大爷左右。在自己的领地伸伸懒腰、打打滚儿。大爷腿脚不好，没有老伴儿，儿女在外地，独自生活，七只猫就成了他相依为命的伴儿。他常从市场拎着新鲜的鱼回来。猫儿老远就闻见味道，兴奋地立起尾巴，“喵喵”地叫个不停。接下来就到他和猫友们美餐的时间。每当看到这一幕，我既为老人心酸也替他欣慰，毕竟他还有它们，只是没有它们那么自由洒脱。

猫又是极聪明的动物，倘若你对它关爱有加，它亦会不离不弃；倘若你对它拳脚相加，它断不会忍辱负重、死守一处。不过如果它们正值恋爱期的话则另当别论。当内心骚动、春情荡漾的时刻来临，那是非谁不嫁、非谁不娶的架势，就是再辛苦地伺候也换不来猫儿的忠心耿耿。猫儿的离家出走，多数是有自己不能言说的“爱的理由”。当骤然的夜不归宿甚至一夜欢情之后，爱情的结晶在母猫腹中孕育，虽然猫仔有可能不知道确切的父亲是谁，但新的生活已经悄然开始。

还记得那位大爷说过这样一句话：“这些猫儿没有一只是省心省力的主，可我就是喜欢它们自由地出入，它们喜欢浪荡就浪荡吧，那才是它们的人生。”生活在大爷家的猫无疑是幸福的。

二

狗，是人类忠实的伙伴，它们温顺、乖巧、驯服，很少听说它们有离家出走、夜不归宿的，但藏獒等烈性犬不在此列。狗无论主人贫富、尊卑、善恶，都一视同仁地选择永不离弃。这大概和狗是人类最早的朋友有关。

狗是人类 14000 年从狼长期驯化而成，它们已经完全适应了人类的生活，听话、服从、忠诚是它们的习性。人类将它们的本领挖掘和培养到了一定程度。玩耍陪伴、看家护院已是小事一桩，有的狗经过培训，还具备了缉毒勘查、导盲购物、搜救追敌的本领，甚至很多狗是立过战功的英雄。

狗的忠诚无可厚非，经常看到有关狗儿忠于主人的报道。有的狗儿不远万里去寻找主人的家；有的狗儿为了救助主人拼死撕咬来犯；有的狗儿为了等候已经去世的主人，在坟墓旁、医院门口、车祸现场接连几日地不吃不喝，甚至追随主人一起去天堂。

狗无疑是人类的最好的伙伴。它们坚守职责、恪守家规，始终把主人的话当作命令，无论对错，都会无条件地执行。只是有的时候狗儿显得那么卑微，那么谄媚。过分点说，为了赢得主人的芳心，换得撒欢的时间，它们唯命是从，卑躬屈膝，像个听命奴才；为了博得主人的欢颜，获得一根主人吃剩的骨头，它们上下跳跃，像个跳梁小丑；为了深得主人心意，在发情时期，安排一次充沛的交配，它们察言观色，摇尾讨好，像个可怜虫……

今年我们台春晚的策划上，特意设计了一个萌宠过新年的节目。有幸请到了宠物基地的韦教练来到舞台训练三只可爱的拉布拉多犬，它们要和三名男演员配合，演段儿争先恐后上春晚的双簧。在现场，我们亲历了小家伙的听话、调皮和淘气。只要韦教练手里拿着香肠，它们的眼神都冒着金光，乖乖地听从指令。不巧的是我们节目组没有预备太多的狗食。到后来，三只小家伙没有了“好处”的刺激，状态大不如开始，同时也不同程度地受到教练的惩罚，挨个到舞台下边靠墙根罚站，单独批评不说，主人还不给好脸色。

主人最会对狗儿的表现按质论价，论功行赏。奖惩是随便行使的权利，狗儿若不服从管教，立刻关到禁闭室反省，或者断了粮饷，冷落一旁，再不委以重任。那些得到重用的狗儿则喜滋滋地享用大餐，不管遇到陌生或者熟悉的人都装个样子叫两声，假装报告险情，难免有些狗仗人势之嫌。

每当遇到主人带着宠物狗遛弯儿，不管什么品种，我都会多加关注地瞧上半天，想凑上前摸两下，友好的方式却换来几声“汪汪”的狂叫。我不由地心想：那么无奈地被牵来牵去，却还肆无忌惮地狂躁不止，何处得你安生啊？

三

如此相比，有点羡慕猫的真实和坦荡，甚至有点喜欢猫的不负责任。谁也没有办法阻止猫儿为了自由而出走、为了爱情而背叛。狗是无论如何也迈不出这一步的，它的命运已经被主人设计好，不需要自己安排，只要和主人的命运绑在一起，一荣俱荣，一毁俱毁。

梁晓声说：“种种做狗的原则，决定了狗是‘入世’太深的动物……相对于狗，猫是极出世的动物。”狗与猫相比，活得太累。“江山情重美人轻”，在狗儿的眼里，唯有主人的江山社稷为重，自己的儿女私情均是害人的“温柔乡”，是预估的“英雄冢”，坏了它协助主人兼济天下的宏才伟业。狗的人生使命就是主人的亨通发达。“一人当道，鸡犬升天”，狗儿心甘情愿为主人尽职尽责，卖命尽力，耗尽一生。

可是谁又在为狗儿的一生负责？

狗儿为了所谓的忠诚失去了自由甚至爱情。对于异性的追逐，城市宠物狗不如农村土狗，护卫狗不如走遍天涯的流浪狗。很多狗儿一出生就被阉割，雄性激素的缺乏让它们没有反抗的激情，顺其自然地被奴化和失去血性。

更可怕的是所谓的道德、规矩、职责，把狗的一生圈在一个画地为牢的圆内。为了这些，狗的一生不再是自己的一生，它的身上肩负了太多的使命，并最终为了完成所谓的使命辛劳而死。这大概就是狗儿眼中的光荣。而在猫看来，这种评价体系一文不值，这种荣誉从不稀罕，甚至都不如它某一天晚上畅快大胆地叫春，痛快欢愉地野合。一次淋漓的做爱是猫儿眼中最平淡的快乐，是牢牢握在手中的、最普通的幸福。而对于这些，狗儿从未听说，也从不屑于尝试，破坏主人的规矩是最大的十恶不赦，是“逾举”的无耻之徒，自然不符合自己的人生信条，是万万不可的。

“忍把浮名换了浅斟低唱”，这是北宋著名词人柳永的名句。他四次科举落第，看惯官场丑态，最后因庆历新政放宽历届科考沉沦之士的条件，“柳三变”才终于中得进士。但此时的他已深深刻体会到浮名功绩都是过眼烟云，皆不如游历湖光山色、都市繁华，完全沉醉于听歌饮酒的浪漫春光中。

一只自由行走的猫趁着夜色昏暗，顺着墙根，穿过自家的狗窝，向着约会的目的地疾风跑去，一步比一步快。狗儿莫名其妙地狂吠了两声。

我们常感叹诗人李白“明朝散发弄扁舟”的洒脱气概，也羡慕陶渊明“不为五斗米折腰”的清静。慢慢追寻他们的人生轨迹，发现没有谁的勇敢和超脱不是脱胎于曾经的臣服和盲从，没有谁的蜕变不是经历从狗儿时代到猫儿世纪的转换和提升。

试问，名声显赫的时代弄潮儿举杯邀月之时，杯里对影又成几人呢？举杯交错、胸怀澎湃之时，忍把“狗的浪得浮名”换成“猫的浅吟低唱”，如何？

思想有道

坐在他的车里，目光掠过城市的夜，炫目的霓虹灯渲染夜色，妖冶而妩媚。车中放的是我们年轻时唱过的老歌《味道》。他滔滔不绝地讲着各种近期房子行情看涨的征兆。在他四溅的唾沫星里，我抢白似地要求换张碟盘，他一声“随便”之后又开始了长篇阔论。你看，人有时候沉浸在自己的世界，多少头牛拉都拉不回来。自以为是地在自我设计的城堡里称王称霸，驰骋在没有子民的国度，挥舞自己的剑棒刀叉。马蹄声声、铁戟铮铮，依然故我地嬉笑怒骂。

思想有的时候不需听众也不需读者，更不需对手。是与非、错与对、古与今、明与暗、新与旧、主流与另类，一任它们在时空中自由地穿梭低语，纵情地狂歌放舞，恣意地飞驰裸奔。独自轻语是一种思想放纵，群体辩论则是一种思想碰撞。显然，他不喜欢对手，不希望对抗。

思想的线条和内核如影随形，出现在贤达与智者的高会、名流与政客的交流、文人与雅士的浅酌、达官与平民的低欢中。思想的漫延如蜿蜒爬行的蛇，无论在密林还是在草丛甚至是在肮脏的河水和腐烂的枯木中，都能顺利找到猎物，并将其饱入私囊，大快朵颐。

思想一次次冲破世俗，大胆裸奔在阳光下，才有文明不断前行。而新锐思想却在唏嘘和辱骂声中承受唾弃、鞭打和流放，有幸的会换来一世的英名留与后人称道，不幸的却在历史的巨轮碾压后，化为齑粉，散落在风中，成为无人来听的千古悲歌。

“辛晓琪的味道已经过时了。”我想用时间的概念唤醒他自语般的沉迷和陶醉。他简单一声反问“过时了吗”就又回到自己的光阴里，拔都拔不出。人有时就这么执着自己的思想世界，他是在寻找一个思想的附和者还是反驳者呢？我的无声和漠视反而更刺激了他永无休止的自我沉浸？难道每一个思想都要历经千山万水，才有最终的抵达安适的归宿吗？

所有的思想最终掩藏在岁月的沉浮和历史的沧桑里，并被时间的锁链所铭记。时间的虚无在此刻才显得有存在意义。时间不再是我们手中随意流走的“日子”，时光不再仅仅是简单的数字符号，而变成了一部记载得满满登登的人类发展史。思想让一个穷困潦倒的乞丐没有享受物质上的富足，却让他拥有活下去的勇气，哪怕他的理想仅仅是吃顿饱饭，穿件新衣。而我们谁也没有权利褫夺和限制他的思想自由。执着地思想不也是幸福的吗？

执着无罪，思想有道。人生如梦，我们有时醒而睡着，有时睡而醒着，但只要是在思想着，就不是愚蠢的穷人。智慧是生命的明灯，执着思考是点燃明灯的火种。

车继续在都市的街头穿行，夜的空气中尽是不安的因子，而思想正如一只只黑夜隐藏下窜来窜去的猫，瞪着一双精明的眼，跟着时代一起向前走。

第三章　书　　海

一条泥塘的鱼
梦想着
以游为翅　以泳为鳍
追寻洋流的足迹
向着书海
还有比书海更无垠的智慧光霞

有 关 阅 读

一

去书店淘书是我和女友宏玲共同的爱好。单位对面的弘德书店我们曾淘到过很多老旧版本的书，还办了可打折的购物卡，积分兑奖。但好景不长，终是因经营不当，书店贴出清仓出兑的条幅。我们当作福利似的精心挑选余下打折的图书。我带走了《凝视张爱玲》《再见故宫》《季羡林散文集》《门里门外谈诗词写作》《汉武帝的格局意识》，还有给儿子买的《自然界的秘密》系列丛书。一时贪多，竟忘记，抱着沉甸甸的书要走很长的路回家。

阅读已成为我的一种习惯，是人生不可多得的奢侈品。书香伴着茗香，静享安适的时光，在焦虑浮躁盛行的当下社会，显得那么不入潮流，又那么弥足珍贵。

据说，爱读书是青春不老的秘诀。蒙田用读书的方式延长生命。

四百多年前，法国的思想家蒙田在垂暮之年感叹来日无多，决定住在法国波尔多市的乡下，深居简出，闭门思考余生的价值。波尔多市位于北纬 37 度，是世界闻名的葡萄酒之乡。在美酒飘香的酒庄里，在浪漫的薰衣草香气中，蒙田饶有智慧地安排自己接下来的生活：“我眼看生命的时光

不多，我就愈想增加生命的分量。我想靠迅速抓紧时间，去留住稍纵即逝的日子；想凭时间的有效利用，去弥补匆匆流逝的光阴。剩下的生命愈是短暂，我愈要使之过得丰盈充实。”一个阳光充裕的午后或星疏月朗的夜晚，法国乡下一座古堡内的壁炉里木材正烧得“噼啪”作响，蒙田坐在火炉旁，腿上搭着一条格纹密布的苏格兰绒毯，一本爱不释手的《亚历山大传记》在温暖的气氛中泛着书香。他用恬淡甚至略有慵懒的目光细致地掠过文字，思维的活跃让生命在凝思、回味、迷恋中闪烁光芒。他正在极力通过自由阅读、思考和写作来挽留光阴的流逝。他一边阅读，一边完成《散文集》的最后部分。如果世上有这样一种武器，通过它可以有力地延伸时间宽度，抵御生命缩短，我想蒙田已经找到了它并且将它紧握手中。世上有众多的智者通过阅读的方式抵御时光的流逝，以一种无限对抗不可阻挡的有限。

今天的社会，很多人脚步匆忙而又盲目，目光短视而又功利。从经营的角度看，与茗香、纸墨为伴看起来费时费力，又不得立竿见影的回报，似乎不是那么迫切需要，比起赚来大把的钞票和升官晋职，是不划算的时间投入。有则不多，缺则不少。可有可无的事情经现代人精明地算计后，自会选择慢慢忽略和渐渐抛弃。还有很多人渴望书籍的滋养，但读书是巴望不得的事情，他们的精力首先放到谋生上。诚然，古代有颜回一瓢水、一担米，身居陋巷而发愤学习的榜样。但现代人明白，读书不是为了衣不裹体，不是为了穷困潦倒，不是为了抱穷守旧。倘若青山不在，哪里还有烧水、取暖、读书的柴火？在时刻讲究回报和利益的当下社会，阅读被迫放到谋生活的后面，除非那些高尚的智者，也许他们依然贫穷，依然困苦，依然病魔缠身，但他们真正是凡尘中的禅师，俗世中的雅士。安身立命的同时也在修身养性，汲取智慧的光华。

静心不易，读书更难得。

二

阅读是生命中最富有、最平等的生活方式。你无论富贵还是贫穷、卑微还是贫贱，都有阅读的权利。读书无须锦衣华食、无须矫饰排场，只须宁心定力，足矣。它让一个乞丐高贵，让一个帝王韬略；让一个贫民富有，让一个富人仁慈。多么奇妙啊，世间能有何物如此万能？

中国是具有几千年历史的文明古国。历史上出现过很多名人将相、帝王贵胄、文人雅士，你无法和他们的历史功绩比肩，但阅读可以让你的生命和他们一样地雄霸一方、通晓天下、把握时代。苏秦通过“头悬梁、锥刺股”的苦读改变了命运，合纵六国共同抗秦，一时称雄天下。我们读书不是为了博取功名而是为了成为智者，有更加丰富的精神世界。孔子曰：“不患无位，患所以立；不患莫己知，求为可知也。”我们不寻求名位，而要自问为什么没有地位，不要关心别人是不是认可自己，而是要关注还有很多未知没有学到。读书是一辈子未竟的事业，我们生活的世界有很多需要探求的知识宝藏。远离凡尘，远离喧嚣，阅读让我们更接近本真，接近初心。

古人云：“书中自有颜如玉，书中自有黄金屋。”读书之人容颜再蹉跎，气质依然如虹，衣食再难饱腹裹体，内心依然黄金满屋，所谓“腹有诗书气自华”。这些与生俱来的自信和知识长期浸染的芬芳，让你平淡的人生流淌着幸福之泉。

为了“学而优则仕”的阅读，不在我所说的快乐读书范围之内。虚假的阅读是对心性的抹杀，“仕”则衣锦还乡，“落”则无言父母，像赌徒拿读书当赌注，靠运气谋前程，那不是真正自由的阅读，是一种功利的投资，为享受读书之乐的人所不耻。

具有幽默气质的作家毛姆把喜爱阅读调侃成不像其他游戏那样需要玩伴，而是可以独自玩耍。把阅读轻松地说成了玩游戏是多么达观的说法。

不含目的、不求回报、不为利己的读书自然是精神愉悦、风轻云淡。把读书当“游戏”是因为他内心快乐富足，足见其胸怀之广阔。更有趣的是，毛姆有时候五六本书一起读。早晨头脑清醒，读些哲学理论的书，因为读这些书需要他集中精力；午后是心智放松的时候，读些散文传记类的书；晚间茶余饭后，读些小说故事，安静地体味别人的人生。他还说，对于那些厚重的名著传记之类，除非它们合你的胃口，否则没有必要非尽义务似的去读。不过，这和我的观点略有不同，名著传记的经典之作，经过时间的验证，依然为后人津津乐道，必是有思想和艺术上的传承价值。确实，我们爱上一本好书，是因为它能带给我们沉浸其中的快意感受。读书的目的是为了乐趣，为了怡心养性，而不是责任、负担或任务，那样就“不好玩儿”了。

三

阅读是一生孤独又幸福的守候。当今社会，人们都有交友宝典，都有社交秘籍，人们越来越喜欢在酒桌上推杯换盏、拉关系、谈业务、交人脉。你却从人群中疏离，成为踽踽独行在众人之外的人，独守孤灯和书中人物结伴，显得和社会主流格格不入。

从社会学的角度上看，中国是一个人口众多的国家，人口的稠密导致社交密集。生活在其中，你不可能不与众人发生交集。14 亿人需要共享自然资源、社会资源、人力资源，需要分享来自各方面的林林总总的信息。尤其是生活在北上广等大城市，你脱离人群去寻找地理意义上的读书殿堂是很难的一件事。在动辄十几万一平方米，寸土寸金的大都市，轻易寻得清雅安静之所、毫无骚扰地一心读书，听起来是件非常吃力的事情。所以说，真正爱读书的人要有非常强的自我约束力，要有闹中取静的控制力。在嘈杂的凡世慢卷书香，最应该学会的是拒绝平庸的生活。

大多数的人是平庸的人，过着孤单而又匆忙的生活。余秋雨曾说：“阅读的最大理由就是摆脱平庸，何为平庸，平庸是一种被动而又功利的谋生态度。”人活尘世间，没有七情六欲不太现实。在功利的驱使下，人们摇摆、挣扎、迷失、沦陷，但也许通过阅读，人类文明几千年积淀下来的厚重、辉煌，可以穿越时空浇筑到我们五尺之身。生命之树会因智慧的输入而有灵气，好像粗粝的枝干因精神的浸染而不再凌乱和刺棘。

这样看来，孤单地读书是高尚的。灯下咏读，轻轻地敲开智者的门，与他行过大礼，顶礼膜拜在他的面前，接受他的指点迷津。万千作者之中为何独与他对话，定是有一份机缘巧合。真正懂得阅读的人从不孤单，他的身边一定有人赴约，书中各色人物轮流上场，欣然对话，倾心交谈。读到情深处，竟不知今夕何夕。自己就像喝醉酒的汉子，又像入了戏的演员，妆面一上，行头一穿，就人戏不分了。一会儿是犹抱琵琶半遮面的盛唐歌女；一会儿是风萧萧兮易水寒赴死的幽燕壮士；一会儿是谈笑间樯橹灰飞烟灭的抗金英雄；一会儿是年轻不幸的乡村女孩苔丝；一会儿是自由奔放的吉普赛女郎卡门……爱书的人不是与世隔绝，不是孤芳自赏，是投入包罗万象，是学习兼容并蓄。

阅读之心如千年冰川上一道坚毅的雪线，任沧海桑田时空转换，都坚定地守候在冰峰之巅，不曾有过任何的动摇和改变。

闲暇时光与书香为伴，就等于与智者交谈，开启心智，反省吾身，让被世俗禁锢的大脑得到浸润和慧达。今天，安静、平和地读书是一种超脱，玉树临风、波澜不惊地读书是一种理想。它们需要我们在收放舍得之间放空自己，在运筹帷幄之中充电打氧。

华灯初上，我紧抱着厚厚的书继续向家里走。路还很长，索性站在路灯下，边等公交车，边看上一段。等着等着，说不定会遇到欣喜的人，开车载我一程。

轻解罗衣

一

大唐是中国历史上少有的盛世朝代，国力强大，人民富足，文艺昌盛，诗人层出不穷。闲暇时光，诗人们在勾栏瓦肆间消遣狎妓，并不是件丢人的事而且甚为流行。如此盛行的消费娱乐方式催生了歌姬名妓的频出。其中貌美体修、艳帜高照、芳名不掩才华的美女歌妓不在少数。李冶、薛涛、鱼玄机、霍小玉都是唐代坊间才貌俱佳的交际花诗人，而且各有个性。不过有一点是相同的，美女追名逐利、攀枝附叶的本性在哪个朝代都那么相似，甚至雷同。

美女诗人们容色姣好、才情横溢，但长期在烟花柳巷中耳濡目染，终难逃脱红颜祸水的骂名。或许是生活所迫，或许是天性使然，上天恩赐的玉面妖媚从来都可变成谋生的手段，而她们却将其演化为攀高附贵的天梯。争得男人的恩宠和浪名是生命的浮云，一会儿云开雾散，一会儿雷雨交加，哪是薄命之人运筹帷幄的？她们眼波流转、纤手弄云、腰肢婀娜、调笑摄魂，终日在红花绿意间伸展、挣扎、寻找、失落。真命天子岂可轻得？浮夸之人的浪名而已。在男人的声色犬马中收获和丧失，如烟花瞬间绚丽，却又刹那消逝。强求忠贞不渝还不如春闺梦醒后的一个哈欠来得痛快、舒坦和实在。

成都娼妓薛涛容色才貌俱佳，声名远播，当时与她交游、唱和的诗人颇多，除元稹、白居易争相交好外，还有刘禹锡、王建、杜牧、张祜等人都先后与其纠缠不休。元稹、白居易二人是铁杆的诗朋嫖友，但凡中意的，便交流使用，互相狎昵，并无醋意，颇为大度。足见当时狎妓风之盛行、文人之开通。出自元稹最经典的爱情诗句是“曾经沧海难为水，除却巫山不是云”。他说，对情人的爱像沧海之水那般丰盈、情深，像巫山云朵那般缱绻多情、挥之不散。只是现在看来，他需要诉说衷肠的情人太多，不知独钟爱于谁。一说是他的结发妻子韦氏，一说是为了他而攀附富贵终遭遗弃的爱人双文，独独不是与他性情相投、交秦晋之好的薛涛。在古代，男人三妻四妾不是什么稀罕事，寻花问柳更不是什么堪责的悖理之举。薛涛虽然是才学过人的女子，但她的命运却没能逃出痴情女子薄命郎的通俗版本。

《全唐诗》说薛涛：“本长安良家女，随父宦游，流落蜀中，遂入乐籍。辩慧工诗，有林下风致。”本为官宦之女，堕入花街柳巷。“韦皋镇蜀，召令侍酒赋诗，称为女校书，入幕府。历十一镇，皆以诗受知。”蜀中镇守韦皋爱其羞花容貌、绝世诗才，将其纳入府，侍酒赋诗于左右，捧为首屈一指的交际花。云山雾雨、众星捧月中的缱绻迷醉，让薛涛一下子忘乎所以，怠慢了提携自己的意中人。韦皋醋意大发，将其贬至遥远的松州。这时的薛涛幡然醒悟：曾经的颠龙倒凤之人皆是轻薄浪荡的浮夸之辈，一夜风流之后的露水鸳鸯只顾各奔东西，能和自己朝夕相处、改变命运的男人或许只有韦郎。在去往松州的路途中，她利用自身的机敏和才华，挖空心思写了如泣如诉的《十离诗》，韦皋看后，顿生后悔之意，派人将其追回成都，和好如初。

怎奈花期不长，韦皋先她而去。薛涛在这个时刻幸遇小她 8 岁的元稹。已是 38 岁的迟暮美人虽与多情浪子元稹彼此倾慕，露水情缘，却只能朝思暮想。自蜀中一别，元稹宦海沉浮。十二载后，50 岁的薛涛终于等来了 42

岁的元稹。再次重逢，却没有先前的一往情深，遥想当年，你侬我侬，已恍若隔世。薛涛绝望之余，抑郁寡欢，终生未嫁。晚年她栖息东门锦江南岸的建吟诗楼，只将残花败柳、春闺长梦寄予猩红的“薛涛笺”上。色衰则爱弛，只留得诗文久传于世。

二

这或许是最古老的黄色段子，我定睛许久，才明白众名士哄堂的原因。“日”与“鸟” 的运用堪称叫绝，成年人深知这两个字后的不雅说法。距今一千多年前，李道姑就如此地在酒桌上开放大胆，让我瞠目结舌。泼辣的浑话与今日酒席间爆料男女性事的段子不相上下。

李道姑——唐代知名的美女诗人李季兰的简称。说起来，她是那个时代最会用身体写作的“体验型作家”。

大诗人刘长卿曾奉李季兰为“女中诗豪”。出自李季兰之手的《八至》诗，用八个“至”字，表明了夫妻间若即若离的情感。“至近至远东西，至深至浅清溪。至高至明日月，至亲至疏夫妻”，巧妙设喻，意味悠远，不愧是唐代情爱诗中的名作。由此可见，李季兰的诗才绝非一般。

当时与李季兰交往的名士中，尤以陆羽与其交情最深。陆羽一生颇富传奇色彩。他原是一个弃婴，被禅师在河堤上捡回，随僧人姓陆，取名羽。12 岁逃出佛门混入戏班。他虽其貌不扬又有些口吃，但却幽默机智，演丑角很成功。被人推举入名师门下修学。陆羽曾经在育茶、制茶、品茶上下过一番功夫，写成《茶经》三卷，被后人誉为“茶神”。

相貌丑陋又口吃的陆羽，面对姿容秀丽、神情潇洒的李季兰难免有自卑之感，却又因好为肺腑之话，颇得美女的芳心。与李道士保持着长期暧昧的关系，终生未娶。在我看来，陆羽或许心知肚明，即使真的名媒正娶也不能保证一朵鲜花只安享一块肥料并不丰厚的牛粪。陆羽还有一位朋友就是僧人皎然，他们三人经常在一起谈论诗词，志趣非常相投。李季兰按说喜欢陆羽就该对他始终如一，但她又钟情于皎然，可皎然“禅心已如沾泥絮，不随东风任意飞”，对情事早已心如止水，不为李季兰春心所动。

后来李季兰这位“美女作家”的大名越传越远，远到长安皇帝的耳朵里。心里痒痒的皇帝召见了名扬万里的李季兰，若不是李季兰的容颜渐逝，皇帝肯定会纳为己有。皇帝对她“优赐甚厚”，充分肯定她的才情，但却没有功名，只赞她为“俊媪”（漂亮老太太）而已。

唐德宗时，臣子朱泚叛乱，李季兰或许因为人老珠黄，晚景凄凉，为求得赏赐资助，竟鬼迷心窍地为这位乱臣贼子献诗。朱泚篡位被平后，李季兰因此倒了大霉，受到牵连，遭扑杀。所谓扑杀，就是装在袋子里从高处扔下来摔死。李季兰的死堪称无辜和悲惨，蝼蚁之命被玩于股掌。红颜自古多薄命，在情歌恨海中颠簸、摇摆、挣扎的李季兰，对如意夫婿挑来拣去，却难逃被男人随意践踏的命运。

三

唐代的美女诗人中，薛涛是活得最长的，鱼玄机是活得最短的，只活了 27 岁，然而她短暂的一生颇为跌宕起伏，富有传奇色彩。才貌绝世、风情万种的鱼玄机入咸宜观后，放荡纵情的本性从未改变，道观之中不啻云雨之事，时受众多名士佳俊的轻怜蜜爱。最终因为试图护卫男人的恩宠怜爱，争风吃醋杀死了自己心爱的侍婢绿翘，亲手将自己送上断头台。鲜洁光亮的生命再也没有机会证明自己、证明男人、证明万劫不复的情爱。刑场上，人头攒动，曾经争相向她索要桃花笺，闻花香的达官贵人、富家子弟们拥挤着赶赴刑场，亲眼目睹“桃花”的香消玉殒。

鱼玄机，原名幼薇，其父饱读诗书，却一生未成功名。小幼薇在父亲的调教栽培下，五岁便能背诵数百首著名诗章，七岁开始学习作诗，十一二岁时，她的习作就已在长安文人中传诵，成为人人称道的诗童，而最了解并欣赏她的人就是当时的大诗人温庭筠。

鱼幼薇师从于温庭筠，天资聪慧的她经过花间词派鼻祖温庭筠的一番指点，文才更为世人称道。假若温庭筠肯于收纳鱼幼薇，或许鱼幼薇就可以稳妥地当了相貌丑陋的温大师的美丽夫人。可是温大师或许因为男人某种不可告人的龌龊心理，始终不肯越雷池一步，保持着介于师徒与朋友的暧昧情感。后不知出于什么原因，或许是出于卸去累赘，推脱责任，温大人亲自牵线搭桥，将鱼幼薇介绍给当时的朝间明少李亿。

李亿才高八斗，诗酒才华名盛一时。虽然李亿已娶名门望族裴氏为妻，但出身寒微的鱼玄机还是毫不犹豫地做了李亿的妾室。中国婚姻自古讲究门当户对，鱼幼薇自知嫁到官宦人家当正室的可能性几乎没有，而嫁一个寒微之士又非她所愿。“自恨罗衣掩诗句，举头空羡榜中名”。嫁不得“官二代”“富二代”，情非得已做个小妾也无妨。于是她找准定位，偷偷作了李亿的旁室。可是林亭别墅的金屋藏娇不久就被裴氏发觉，吃软饭的李亿因惧怕丈人家势力，只好一纸休书将鱼幼薇赶出家门。李亿情急之下想了一计，他捐了香火钱，将鱼幼薇安置在佛门清净的咸宜观，意图私下里方便行男欢女爱之事。怎奈裴氏门户森严，出入不便，李亿终不能抵挡裴氏的彪悍，私下苟且之事朝思夜想竟不能遂愿。佳人有梦梦难了，思君念君路昭昭。当李亿离开长安上任扬州后，山高水长，路途遥远，鱼幼薇彻底地被冷置观中，沦为弃妇。

温大老师相貌奇丑，与鱼玄机年龄相差悬殊，不知是否因此未能与鱼玄机结发为妻，但与名人结友终是能获得些许好处的。借助温庭筠的名人效应给鱼玄机带来了光耀四海的名气。嫁金龟婿的愿望未能实现，做了偏室也未能如愿，做了多情郎君李亿的小妾，本想情意缠绵、欢情云雨，未曾想也这般不得安生。如今，李亿踪影难寻，鱼玄机深受打击，哀叹“易得无价宝，难得有情郎”。以往洁身自好的鱼幼薇开始尽情放纵起来，以道观为辖地，彻底地做个了风流放荡的风月老手。

一个叫陈韪的花心男人和鱼玄机翻云覆雨后，没能抵挡住比鱼玄机更年轻漂亮的侍女绿翘的诱惑。鱼玄机发现陈韪与近身侍女绿翘有染后，狂妒不已，杖鞭不停，失手将绿翘鞭笞打死，从而被官府处以极刑。在风月场上如鱼得水的鱼玄机早该深知花痴男人的情深情浅，却为了一个朝三暮四的男人，枉送了卿卿性命。

佛说，人致命的三个缺点就是：贪、痴、嗔。痴心的鱼玄机娇媚又解风情，她天真地贪恋着男人的身体和宠羡。其实那个名叫陈韪的鬼男人只是把她当成一个风流有才的妓女来狎，何必要追究个所以然呢？

鱼玄机风华正盛的时候，有一位十分爱慕她的官人叫裴澄，但鱼玄机因为被李亿的夫人裴氏赶出来过，所以迁怒姓裴的人，竟对裴澄敬而远之，冷淡得很。美人得宠之时大多清高自傲，任性跋扈。倒霉的是，鱼玄机乱仗打死绿翘事发之后，审判她的官员正是裴澄。裴澄似乎是鱼玄机命运中难逃的劫数，当年遭到虐情的裴澄终于有了泄愤的机会。他毫不犹豫地拍下案板，鱼玄机无处喊冤就已人头落地。

裴澄因为没有吃到天鹅肉而大受屈辱的复仇心理终于在那一时刻得到补偿和释放。他暗自庆幸：自己吃不到的，他人也别想吃到了。于是杀她个斩钉截铁。鱼玄机常轻解罗衣，却未知其中玄机。

四

唐朝是个比较开放的时代，我们可以从当时的仕女装中想象其开放的程度。一千多年前的唐代，社会富足，物质丰富，开放程度较高。由于受开放之风的影响，连清静的修行道观之地也弥漫着男欢女爱的气息。据说，当时许多女子逃离家庭约束管制纷纷住进道观，以修身养性的名义去追寻自由空间。她们可以在道观里与文人骚客们自由浪漫地交游聚谈，无拘无束地饮酒作对，天昏地暗地男欢女爱。

物质的富足带来精神的解放，唐代是一个放纵的朝代。风骚诗人们洒脱地享受“白领小资”、享受专属“二奶”、享受激情“学妹”。与此同时，社会文化风气中也出现了一些新的价值观。当时的文人特别是美女诗

人们，骨子里还是多少有点“重才轻银”的苗头，内心有那么一点点难以抵制的对爱情的不甘。不像我们现在的无处不在的“物质女”，更喜欢以花费钱财多少来衡量男人爱自己的程度。现在的“白富美”们选择婚姻，郎君如果没银子，一切免谈。唐代的风骚诗人未见得都有大量银子作为后盾，今天的美男俊杰纵有“诗仙”“诗王”般的才情，如果没有万贯家财，不见得有几个美女佳人甘愿与你来一场赋诗吟画的精神碰撞。如今，美女们的那些艳事需要一诺千金的物质刺激，而不是“长亭外古道边”的小资柔肠寸断。

呜呼，读唐代美女诗人的那些事总会震撼。痴情寡欢、终身未嫁的薛涛，优赐甚厚、不知深浅的李季兰，还有刚烈嫉妒、擅长风月的鱼玄机……哪一个不是真真切切，哪一个不是敢爱敢恨，哪一个不是萍水相逢便为爱闯天涯？错只在，罗衣岂可轻解，此情怎可轻送。

诗意剑行

提及中国古代的浪漫主义诗人，后人最为推崇的当属李白。俊拔超逸的性情、纵情山水的性格、遗世独立的人格确定了他在中国的诗歌史上不可撼动的地位，还没有哪一位诗人像他一样才华奇绝、情思浪漫、情怀隐逸，情感天马行空，不为世俗所羁绊。

李白的诗情洋洋洒洒如江河一泻万里，又如日月霞光永不停歇。万事万物都是眼中风景、笔下风华、心中韬略。在他的诗中能够传情达意的物象颇多。花鸟鱼虫、飞禽走兽、山川河流、星辰宇宙等等无不可以入诗入境。经过夸张、想象、比喻等多种方式的描摹书写，这些物象充满无尽意蕴。其中出现最多的意象是酒、剑、月、花，而同样的意象因李白心境、志愿、遭遇的不同，表达的内涵也不同。它们像一块块发光的宝石，在诗人的笔下稍作加工，就变成一串串熠熠生辉的珠宝项链。

“酒”是李白性情的最外化表现。他的一生堪称与酒为伴，酒似乎是他朝夕相处的发妻。据说，他的儿子智商不全也和喝酒有关。但一个以酒为乐的人除了有酒精依赖的嫌疑之外就是心怀宽广的人，倘若是个“常戚戚”的势利小人又怎么能随时随地端起酒杯呢？即使李白真的一时郁结难解，也会在“花间一壶酒”的畅快淋漓里，消化万古哀愁。酒是他自行发明的祛痛良药，也是他自愈后获得重生的神器。他自吟：“今朝有酒今朝醉。”如果生逢今世，在高朋满座的酒桌上，李白定是个能制造气氛之人，他劝酒时是这么说的：“我醉欲眠卿且去，明朝有意抱琴来”，此时我已经不想和你聊不得志的事，忘了那些不快的往事，快干了这杯酒吧，明天我们再从长计议。听这一番劝解，你又怎么能不拿起金樽先干为敬呢？多么可爱的诗人，李白人困酒乏地劝朋友们赶紧离开：我已经要睡下，明日你抱着琴再来会我，我们再以酒当歌，共谈人生理想。想必在今天，李白也定是个值得交往的豪爽朋友，凡事直言不讳的坦率朋友。杜甫说他：“天子呼来不上船”，“长安市上酒家眠”。他半梦半醒地对来传圣旨的人说：你看，我已经醉成什么样子，不管是谁传唤我都动弹不得，即使是天子传唤，我也难迈动登船的脚步，就让我醉卧长安城的酒家吧！后人都说李白蔑视权贵、狂放不羁、达观豪放，其实那些只是他人生的注脚，他的内心早已托付于诗酒，寄情于山水，释怀于日月。况且他的诗作若有酒助兴，更平添了无数的真性情。所以说他再酩酊大醉，也会清醒地记得内心那份出世的情怀。

剑是古代侠士行走江湖的随身之物。李白自幼希望成为行伍之人，剑挑不义之客，平定天下不平之事。李白的一生深受黄老列庄道家思想的影响，讲究游历大川，清静无为，寻道求仙。豪气一身的李白手执一把青龙剑，健步疾行于大好山河，更显得倜傥不群和飘逸超拔。难怪贺知章誉其为“谪仙人”。他剑行天下、仙风道骨的外部形象至少不虚此名。

李白 15 岁开始习剑，结交各路侠客。24 岁终于“仗剑去国，辞亲远游”，过上了渴望的腰间一把剑、携之走天下的侠客生活。据说李白的剑术高超，仅次于唐代“三绝”之一的剑王裴旻，位列第二，当然“三绝”中的另外两绝之一就是李白的诗歌。李白对剑的喜爱超过任何其他爱物。据查，《全唐诗》李白所作的 106 首诗中，“剑”字共出现 107 次。“剑”的出镜率之高足见其爱之情切。李白的诗中飘荡着剑客的洒脱和义气。“停杯投箸不能食，拔剑四顾心茫然”“愿将腰下剑，直为斩楼兰”。或许就是这剑客般豪迈的性格真正开解了李白仕途不济的郁结和苦楚。花开两处，各表一枝，一处是安邦社稷的辅助不遇，一处是无奈现世的达观放逐。“昔在长安醉花柳，五侯七贵同杯酒”，经历宦海沉浮的李白不再幻想仕途，他已经明白：混入紫阁章台又能怎样？不过是又添朱门酒肉腐气罢了。

“月”是李白诗中常用的意象之一。李白用隐喻、夸张等手法将一轮明月赋予多层意味。李白的艺术创作技巧之一是善于将主观内心世界的景象外化。从个人的主观想象出发，移情于景，情景交融。在思乡之情涌上心头的时候，他写下“举头望明月，低头思故乡”；在追古思今的时候，他写到“今人不见古时月，今月曾经照古人”；在郁郁不得志的时候他展开浪漫遐想，“欲上青山揽明月”。对月的不同诠释、不同寄语，让我们看到生活在普通大众之中的李白的感情是何等丰富、想象是何等雄奇。生活在世间的李白和普通人一样有世故人情、温情脉脉的时刻，让我们看到的是在人间的诗仙，而不是不食人间烟火的神仙。从而让李白俊逸脱俗的性情有着坚实的落脚点，他或者沉醉长安，或者游历山河，但他无论身在哪里，都从未离开普通黎民百姓的生活。

“花”也是李白诗中使用较多的意象。祖国的山河李白大抵都游历过，他的足迹遍及楼兰山阙、黄河瀚海、太行银雪、巴陵蜀水……在山水之间，自然万物给了李白纯净洒脱的笔锋，尤其是对草木繁花的赞美。花在李白生活的精神世界中有着美好的暗示。“两人对酌山花开”，同道友人的把酒欢颜若以烂漫的山花为背景，会留给人们足够多的想象。“桃花流水窅然去，别有天地非人间”，以点点桃花为主角的山川江河总是那么的秀美如画。李白在花香四溢的天地里寻找精神安身之所，在俊逸清净的自然国度里感受心灵的洗礼，从而抵达“天地与我并生，而万物与我为一”的浑然境界。或许只有李白具有这样的能力，他把 “物” 和“ 我”、心性与外观统一得这样和谐、融合得这样巧妙、表达得这么炽热，让它们化作美好的诗句，随着泛黄的书香悠悠地传到今世。

李白用“酒”“剑”“月”“花”创造了诗歌史上的奇迹，文学史上的传奇，“前无古人后无来者”。他是一个难以逾越的人格高度，是一个只可仰止的精神标杆。无论后人作什么样的诗篇，似乎都能从李白的诗作

中发现蓝本，给人一种今不如昔的感觉。时光虽已经过去千年，恍然发现似乎原来他一直生活在身边，原来他早有描绘，原来他早就在那里。还记得那首他写的《望庐山瀑布》吗？“飞流直下三千尺，疑是银河落九天”，面对旗帜一样的描写，后人鲜有提笔。只有苏轼试着规避直接写景抒情的难度，换了另外一个略有禅意的说法，才算打破沉寂。“不识庐山真面目，只缘身在此山中”，苏轼不再直接写景，而是巧妙地迂回，换为含蓄地说理，这篇庐山之作才为后人所公允。

李白，一个让人赞叹不已的诗中仙人，一个让人永远称道的浪漫侠客。余光中这样称赞李白：“酒入豪肠，七分酿成了月光，余下的三分啸成剑气，绣口一吐就半个盛唐。”我想接上一句：“晓笺半展漫过整个史卷的书香。”

我喜欢李白笔下的诗、酒、花、剑。因为，它同样是我们今天俗世生活的“诗和远方”。

黄花堆积

日落西山，秋已微凉，愁云满天，一阵疾风驶过，满地落红堆积。易安独倚西楼，面容有些憔悴，孤冷寒凉的驿馆寒凉逼人，此地与妹妹依依惜别更添伤感无限。雨滴仍旧轻敲窗牖，妹妹即将踏上归途。易安叮嘱道：“妹妹将去的东莱不如蓬莱那么远，离去以后一定要经常写信捎来音讯。每年春光来临的时候，双溪的景色都很美丽。妹妹此去也请放心，我答应你，在来年的春色里邀请友人同游佳境，希望这样可以消解我的愁思之苦。可是我担心的是双溪之地的春光虽好，但舴艋小船太单薄了，恐怕载不动我如此繁重的哀愁，还是不去罢了。”妹妹定是这番回答：“姐姐如此尚好，可是年年听你如此计划消遣，年年不见你落实出行，希望今年你能踏青双溪之地，赏到美景春光。”

这是李清照在国破家亡、历经离乱之苦后所作《武陵春·春晚》的下半阕内容，读之常悲戚凝噎，久难释怀。年少时，我喜欢读柳三变的“杨柳岸晓风残月”，因为它恰合我青春蓬勃之意。随着年龄的增长，尤其是成年后常翻阅李清照的《漱玉词》，因为它的苦难艰难我已逐渐理解，它的字词句读我已渐渐懂得。

继续品读那句“闻说双溪春尚好，也拟泛轻舟。只恐双溪舴艋舟，载不动，许多愁”。后人评说它是李清照 “一波三折” 巧妙布局手法的代表之作，此词同欧阳修、周邦彦的三部作品共被誉为“扫处即生”的高超

手法，有绝处逢生、路转峰回之妙。从这首词我们不难看出：无论创作手法还是思想表达，易安显然是成熟的、稳健的、从容的。她已不是二八豆蔻，更不是“为赋新词强说愁”的怀春少女，她的愁不用强说。山河破碎的流离失所是具体的，家破人亡的孤单寂寞是无处不在的。风云雨雾、春华秋实、日月星河等等目光所及之处皆是淡淡的愁意。她的愁与柳三变的不同，柳三变的愁是男性的，沉醉于烟花巷柳的失志之愁。易安的愁是女性的，是背井离乡的亡国丧夫之愁。她的痛苦是如此的深重，但易安却轻易不提一个“忧”字，把“愁”字也悄悄收起，请关山残月、薄雾浓云、香花青梅、梧桐细雨出来说话，可见功力之深厚。

太阳已经升起多时，易安懒起对镜梳妆，望着镜中枯瘦的脸庞又想起岁月的寂寞难挨。云中还没有青鸟殷勤探看，空中没有鸿雁捎来锦书，无奈之情再一次穿透冰冷的身体。瘦弱孤零的易安在篱笆下邀约黄昏，独自把盏，呆呆地望着黄花落尽，随水四处飘零，还是带不走心中的愁苦。耳旁是点点细雨敲打梧桐发出的清晰声响，也难驱散心中密匝的孤苦。易安试着登上小船，喊出心中郁结，话还没说出便已泪眼滂沱。

有着诗人情怀和生命感伤的易安比普通女人感受更多。与丈夫长期分居的生活一度让易安沉溺于低杯清盏中。煎熬的痛苦撕裂了一颗情感细腻的女人的心。分离的凄楚充盈于心，怀想当初的短暂相聚更添思君之情。

李清照生命中曾有一段幸福的团聚时光，满以为人生在此可以停驻。没想到小憩之后，是遥遥未尽的苦难征途。丈夫因病不幸早卒，刚刚品尝幸福的女人再次陷入苦痛之中。命运在此好像和她开了个莫大的玩笑，好似让一个乞丐饱满眼福后一下子被收走所有的餐食。

金人攻陷汴梁以后，南渡的李清照开始了流寓江南的漂泊生活。几经周折的颠沛流离让易安的晚年生活更加悲凉。生在那个时代无疑是最大的不幸，易安的痛苦不能逃脱，也无法自愈。

易安把心中淤积和暗流化为清浅的诗词。早期的李清照还有反映少女、少妇风雅生活情趣的词。那时的人生，对她而言，刚刚扬帆起航，无限期待的美好以为早已收入囊中，后期的作品中就鲜有这番情调和雅致。诗词治愈的力量是有限的，更何况那个时代，诗词只能当作消遣而已，不是遮体果腹的衣食，可是易安苦难的生活和相思离叙又能寄予何处呢？

女人的情丝绵长缱绻，梦中又该与哪个惜春的人儿共枕而眠？

记得前两年，一位颇有文学功底的朋友著文说，李清照是个诗词高手，缠绵悱恻的男女之情写得既含蓄又栩栩。寡居的易安渴望怜爱、疼惜、排遣寂寞，就像骄阳烈日下的人渴望树阴。

再次细读易安的《如梦令》，“昨夜雨疏风骤，浓睡不消残酒。试问卷帘人，却道海棠依旧。知否，知否？应是绿肥红瘦。”细品之，还真有点那位朋友所说的情事之意。雨疏风骤之夜，娇枝倚附龙干，红花托于绿叶，金风玉露一相逢，便胜却人间无数。充足地给予，大方地获得，生命的本初慰藉，她只有在梦中回忆了。

绿肥红瘦，李清照果能如此排解，果能如此解脱，那是再好不过的，只怕是漫漫长夜，久栖温柔乡也带不走她如许的愁苦，风过后仍旧是黄花满地堆积。

《围城》寻爱

喜欢细细品味钱老先生《围城》的语言。他可以把毫不相干的东西拉到一起进行比喻。最叫绝的是他形容一个虚情假意的接吻："这吻的分量很轻，范围很小，只仿佛清朝官场端茶送客时的把嘴唇抹一抹茶碗边，或者从前西洋法庭见证人宣誓时的把嘴唇碰一碰《圣经》，至多像那些信女们吻西藏活佛或罗马教皇的大脚趾，一种敬而远之的亲近。"怎么样？是不是和我一样被钱老先生的神奇比拟打了个人仰马翻，丢盔卸甲。这还不算啥，《围城》的人物故事情节耐人寻味，像连吃了五勺芥末，非要你痛哭流涕、翻江倒海地被"感动"后，拍腿大喊："舒坦！再来一份！"

《围城》是一本我百看不厌、常看常新的小说。读它就像到雪域高原西藏去旅行，总能发现意想不到的美景。

《围城》里的女人都很奇特，个性鲜明，意蕴深厚。苏文纨、鲍小姐、唐小芙、孙柔嘉四个女人，分别代表人们心中的四种意象：欲望、性、理想、世故。钱先生把这四个女人写得通体透彻又合情合理，滑稽可笑又悲从中生，笔墨庞杂又细致入微。她们离我们不远，因为生活从来都是这四样"菜"烹制出来的"东北乱炖"，混在一起，爱吃哪样全由个人性情。

哪朝哪代都有像方鸿渐一样的酸气文人，他们懦弱、矫情、死要面子，为人秉正又不耻攀附，饱读诗书又喜好功名，仕途苍凉又寄情于山水。他的人生轨迹大抵是所有文人的宿命。你对他佩服也无奈，同情也怨恨，希冀也失望。

不说别的，单说婚姻。《围城》里四个和他有感情纠葛的女人，娶哪个都比孙柔嘉要强，可他偏偏与孙柔嘉“喜结良缘”。风情万种的苏文纨，虽然情意虚假，但出入各种场合都是吸睛的主；鲍小姐纵然肥硕肉欲，但至少给方鸿渐带来生理上的无限满足；虽说“有情人难成眷属”，但唐小芙作为方鸿渐理想的爱人是铭记一生的痛；唯独孙柔嘉最不适合一生为伴。但就是她，这个世故的女人最终和方鸿渐走进了婚姻殿堂。你说方鸿渐糊涂吗？其实他亦是清醒的。婚姻有时就是这样，你往往和不合适的人生活在一起、纠缠一生。或许因为男人到了结婚的节骨眼上想到的还是世俗、生存和过日子，方鸿渐怎会例外？尽管他有海外留学的光环，他还有说得过去的外貌，是个多少有些情趣的海派人士，又有教书匠的“稳定工作”，家资不算丰厚但饱暖无愁。按今天的择偶标准，应该是个准“海归”“高富帅”，是潮女们争先考虑的结婚对象。

如此的“绩优股”肯定会被一些有心计的成熟女孩盯上。方鸿渐在这些女人面前显得有点天真和毫不设防。孙柔嘉是个极有心计的女人，世上所有有心计的女人最大的特点就是知道“适当”。她懂得在什么时候该做出什么样的姿态、说出什么样的话语，知道关键时刻脸是不能要的，只有不要面子才能攫取想要的利益，甚至色相、名声、情意全可以舍弃。也就懦弱、善良的方鸿渐会上她的当，旁观者哪一个看不出她的险恶用心？方鸿渐的好朋友赵辛楣提醒方鸿渐说：“孙小姐这人很深心么？你们这一次，照我第三者看来，她煞费苦心。”有心计的女人们在什么方面都会算计，她们的心向来不在此时此刻，而在十万八千里外，宇宙洪荒之间，当然包括恋爱婚姻，心思缜密得看不出一点端倪，那叫会做人、会做事更会“装”，装无邪、装善良、装无辜、装她想装的任何东西。

当初追求方鸿渐的时候，孙柔嘉邻家女孩似的说：“我照方先生的话去做，不会错的。我真要谢谢你。我什么事都不懂，也没有一个人可以去商量，只怕做错了事。我太不知道怎样做人，做人麻烦死了！方先生，你

肯教我么？”这叫作什么都不懂吗？这是太懂得之后的假扮。方鸿渐刚从国外回来，哪里识得上海市井人的心机？他像孙柔嘉的猎物一步步地进入圈套，最终无知地娶了孙柔嘉。婚后的生活渐渐进入孙小姐期望的状态，方鸿渐也渐渐识破孙小姐柔情万古后面的狡诈和无情。目的已经达到，孙小姐煞费苦心装扮的面纱终于撕了下来，任性刁钻的一面开始显现。她想方设法套出方鸿渐的恋爱史后，口口声声地警告方鸿渐："只有我哪！受得了你这样粗野，你倒请什么苏小姐、唐小姐来试试看？"方鸿渐倒像是理亏，哑口无言，其实谁还没有过恋爱中人，谁还没有过情迷时刻？只是都该忽略不计，更重要的是惜得眼前。

这样的女人在我们现实生活中比比皆是。曾有一男同事的女朋友在别人面前作女汉子状，到了男同事面前娇柔作态地央求他务必早回家，否则不敢一个人进屋，不敢一个人在家待着，听到楼道有声音就想躲到墙角哭。好可怜的小兽，好让人心疼的宝贝。我倒是给她出了个更好的主意："说不敢一个人听时钟滴答作响才好"，这样岂不时刻有理由唤回自己想套牢的人？可是不知道这位男同事一旦觉醒，是否还会一如从前地离不开她？是不是还会如方鸿渐入了孙柔嘉的圈套？

善良的人一旦觉醒非常可怕。当方鸿渐觉察孙柔嘉是个不可以施爱终身的人后，巨大的失望和落寞让他一个人走在秋叶萧瑟的街道，像个无家可归的流浪汉，更像个受了欺骗委屈的大男孩。当期许的爱已成虚空，还剩什么可以挽留？生命又有何意义？巨大的落差让缺少社会经验、缺乏世故心的方鸿渐无处可去，他太不愿意继续生活在这样一个冰冷无爱的家庭，也太不想在这个无聊虚伪的世界生活上下去，一切只剩下绝望和逃离！

其实，方鸿渐曾经是一度有救的。那就是唐小芙，她既然爱着方鸿渐，又何必因为唐小芙姐姐的离间而任性离开呢？一般深爱的人往往都不知道自己爱着对方，只为一时的气恼丧失良缘。我们都有过这样的感受，当你深爱一个人的时候，你甚至会有浅浅的恨意在心。恨他为什么不能像我爱他一样爱我。记得最清楚的一幕就是方鸿渐追寻了几日唐小姐的行踪，终于在一个雨夜寻到唐小姐。可接连的阴差阳错，彼此的缘分怠失已尽。在深爱的两个人中，最不能比的就是谁的心更硬，谁更熬得住分离。比下去只能让他们失之交臂，错失真爱。

唐小姐的错或许因为爱得太纯洁，她天真地以为她要占领所爱之人的整个生命，遇见她以前，没有过去，留着空白的感情等待她。这又怎么可能？虽然真挚，但这样不着污点的爱怎能在世间存在？梦境中的纯粹不能现实着陆的，学会包容才学会爱，只是真爱还蒙在鼓里。

涉世未深的唐小姐纯洁得到了可笑的地步。不食人间烟火的人谈何获得人间真爱？不过看到方鸿渐在唐小姐家楼下淋雨的那一幕，还是有些哀伤，为什么他就不能再等一等唐小姐下楼，唐小姐已经回心转意，她在心里已经默数只要一分钟，只要方鸿渐在雨中再坚持一分钟，她就奔跑进他的怀抱，让所有的爱在雨中升温，可是就在唐小姐挪动的一刹那，方鸿渐也沮丧地迈开了他的脚步，转身离开了他理想中期待许久的拥抱。这就是人生的错失良缘，这就是生命定数。随着电闪雷鸣，惺惺相惜的两个人像走失的孩子，不知相互的方向，一个向左一个向右，剩下滂沱的大雨冲刷着彼此孤寂痛苦的心……

爱会不会因为太执着而失去？太纯洁而错过？太轻信而结合？当你越想抓住，它越像泥鳅从手中滑落。我们常以寻爱的名义继续向前走，其实，又陷入另一个打着爱的名义建造的城堡中。多少个方鸿渐急着把自己围在里面，然后，再急着逃出来。认清自己，追寻真爱，其实城内城外的景色都很相似。

巨人离席

最早知道梁实秋的名字是在中学语文课本上，鲁迅的战斗檄文《“丧家的”资本主义的“乏”走狗》。那时心灵稚嫩，不能完全领会作者的阶级立场与文学创作的关系，没有体察到文学样式的千姿百态。檄文固然攻势强劲，小品一样赏心悦目，竟单纯地以为凡是与鲁迅大师对立的人都是阶级敌人、人民公敌，因此对梁实秋没有什么好感，甚至有股阶级仇恨。后来，随着年龄的增长和大陆文艺界为梁实秋拂去历史沉冤，我也重新审视这个“反动文人”。随着看他作品的增多，在心中居然悄悄地喜欢上了他。他写的散文《雅舍小品》系列成了我枕边爱不释手的读物。其清新隽永、幽默风雅、机智诙谐的语言文字，充满了人文精神和浪漫主义风格，是妥妥的、当今比较能调侃的轻文艺范儿。

说到为梁实秋重新翻案，那是1986年的事情。上海老作家柯灵写《墨磨人·回首灯火阑珊处》一文，为半个世纪前，对梁实秋“抗战无关论”的错误评判予以平反。柯灵是资深的共产党员，曾任中国作协上海分会的副主席，虽然他的文章只代表个人，但在内地引起了不小的轰动。这清楚表明内地对梁实秋正在进行重新评价，随之而来的就是内地“梁实秋研究热”的兴起。想来是历史的必然，智者的光辉不会因为历史的原因被永远压制，迟早会有云开月明的时候。幸运的是这一天来得并不晚，毕竟是在他的有生之年，但又来得太晚了，当他重返内地的夙愿即将成为现实的时候，这位巨人还没有踏上故土，就猝然倒下，离开了历史舞台，留下一个无法弥补的遗憾。

随着对梁实秋作品接触的增多，多少在心底为上世纪30年代给梁实秋定性的“抗战无关论”鸣不平。其实梁实秋的散文创作是分为几个时期的。在抗战前期，他曾热血澎湃地拿起笔加入抗战第一线，正如他所言：“我对政治并无野心，但是对国事不能不问。”还曾因力主抗战被列入日本宪兵队的黑名单。后因汪精卫的叛变卖国，作为参政员的梁实秋有了被政客愚弄的不快，再有他亲眼目睹了政客大发国难财而革命曙光依然黑暗，前途依旧渺茫，从而陷入了极大的痛苦和失望中，一腔政治热情就这样被沉重的失落感和欺骗感冲走了。他无奈地说：“国政大事，非权要之人，他人无力干预，官场龌龊亦非正直之人涉足之所，区区书生，只能埋首学问，聊慰平生而已。”带着被政治欺骗的悲伤和无奈，梁实秋来到了巴山蜀水的“雅舍”，开始了名为“雅舍小文”的创作过程。从“兼济天下”到“独善其身”，他尝试寻求恬淡闲适的生活。遂开始了他散文创作的另一个时期—闲适散文时期。其后，他的大部分作品，都有着“雅舍”精神的延续。

不能说梁实秋的性情和当时的境况适合写闲适散文，但他确实把散文的创作推向了一个文学的新高度。

每次读他的散文，都觉得栩栩如生的文字充满灵性，每个字都像是能说会道的媒婆，他叙述下的生活是如此的色彩斑斓。他隽永淡雅的散文风格和他浪漫优雅的性格气质相得益彰，每每让笔下的文字庄重又体贴，斯文又深刻，幽默又含蓄。

我曾无数次地幻想，现实生活中他会是个什么样子？那么风趣有力的话语是怎么样从一个生自保守家庭、受着传统教育的学者口中说出？

友人知道我偏爱梁实秋，新近送了我一本多年前出版的老书《名人情结——梁实秋和韩菁清》。书中记录了文学大师与台湾电影明星韩菁清的传奇婚恋，让我从梁老晚年感情生活的侧面，进一步领略到了一代文学大师的风采，让我动笔表达对他崇敬之情的愿望更加强烈。他豁达乐观的人

生态度、孩童般纯洁明净的心灵、敏捷出众的才思，感染世人，而他特立独行的爱情观更让人折服。

当年已是 72 岁高龄的梁实秋娶了一个与之相差 30 多岁的影星，在上世纪 70 年代的台湾社会引起了不小的轰动。很多人都不看好这桩婚姻，包括他身边的亲戚朋友。有些人还拿当时梁实秋刚刚出版的怀念前妻的书《槐园梦忆》取笑，说他是虚情假意，伪善矫情。有些他心爱的学生也加入到反对这桩婚事的行列，他们规劝梁老不要为了寻找“特别护士”而轻薄自己的感情。亲近的老朋友轻则说他“晚节不保”，重则发出断交通牒。已是古稀之年的梁实秋面对来自各方的压力和阻挠，力排众议，坚强勇敢地追求自己的爱情，并与娇妻度过了整整 13 年的幸福时光，直到 86 岁死于医疗事故。他用实实在在的幸福生活给了那些反驳者重重的一击。

我很难想象一个年迈的长者是如何获得这种执着坚毅的力量的。我很诧异他的举动，这与他自称是“草芥书生”的性格多少有些不符。另外，已是古稀之年的老人，来日不多，却还能像个朝气蓬勃的年轻人，颇有信心地经营自己的爱情和未来，这更让我大吃一惊。

晚年的梁实秋在给韩菁清的求爱信中这样写道：“我愿牺牲一切的一切，尽早与你结合在一起。海可枯，石可烂。”他像个涉世未深的大男孩，怀着初恋的心情，执着坦诚地表白，多么可爱的老人啊！

续弦之后的梁实秋，更加勤于笔耕，好像恢复了青春的活力，生花妙笔更是玲珑无限。他把自己晚年的大部分时光用于写作著书。他除了继续编英文词典、英文教科书外，还写了不少的散文。这些散文堪称一“绝”，编印成册的有十数种。最为可观的是他计划撰写的《英国文学史》和《英国文学选》共达两百多万字，他另计划用英文写《中国文学史》，但还未等他开始实施，就轰然离世，对文坛实难说不是一个巨大的损失。

梁实秋的谢世使台湾的文坛震动，各大副刊的标题都甚为引人，其中有一个用了“巨人离席”的说法。我一直比较钟情这种极富文学色彩的说法，多么含蓄、艺术、婉曲的说法啊，好像“托体同山阿”的文学巨匠只是因为有点急事出去方便一下，一会儿马上回来。从中我们不难看出，文坛和读者对他的敬重爱戴之心。只可惜这位巨人一去不复返，留给后人巨大的悲痛和哀伤。就连余光中特为他准备的生日礼物《秋之颂》（收集的有关他作品的评论文章）都来不及带走，反而成了悼念文集。

梁实秋曾经感叹，生老病死是一个由动物变成植物又变成矿物的过程。他一定期望自己能早些变成一棵树。因为人只能活一辈子，而树却可重获新生。梁老死时嘴角一直没有合上，我想他是在用最后一口气呼喊或者倾诉他的理想。其实，无论生或者死，梁实秋已经并且始终是台湾文坛一棵根深叶茂的大树了，像座丰碑似的伫立在那里，难以超越。他以葳蕤的叶、茂盛的枝、扎实的根守望理想，荫护后人。

心性自由

最近一直疯狂地在各地书店搜寻，想搜罗一些毛姆的作品，特别是毛姆的《伊利亚随笔》。恶补样地要认识这位英国人。不为别的，只为他和我喜欢的作家梁实秋有关，梁实秋中年以后十分喜爱翻阅毛姆的散文，这与我现在的情形相似，梁实秋的散文常现于我的包里、床头。餐前翻读促进食欲，餐后浏览健康胃脾，旅行中随身阅读解乏静心。梁实秋对毛姆的偏好引起我对毛姆的好奇，他们之间难道暗合着某种机缘？

自觉中国的文人大致分为两种，一种是斗士，一种是雅士。他们的区别是，斗士把手中的笔当作长矛和利剑，雅士则把文字当作播种的犁头。矛与盾是斗士用来冲锋陷阵、勇敢杀敌的武器，而犁头是雅士用来躬耕劳作、安养生息的工具。

1938 年的梁实秋，作为国民政府参政会的议员，因为汪精卫的背叛而陷入政治上的囹圄。被政客利用和愚弄的痛苦，让他感叹人生的无常和虚无。一度幻想跻身于官场施展抱负的梁实秋，对龌龊的政客生活几乎近于失望。35 岁的梁实秋深感书生的草芥之命“无补大局，宁愿三缄其口”，临近不惑之年，梁实秋的人生观发生了巨大转折。由之前“兼济天下”的政治斗士转为后期“独善其身”的文学雅士。尽管梁实秋的沉默多少有些无奈和逃避，但由此看出，他是在拒绝同现时政府同流合污，而用写作的方式坚持一种洁净。这或许是中国几千年来文人的共同命运，用不投降的软弱、不妥协的坚持，极力保持自身人格上的清白。

都说，年龄愈长做事愈退缩。眼前的生活不是当初理想中的样子，它一直赤裸裸站在面前。曾经自以为那么熟悉，其实是那么陌生。真与善在如狼似虎的世俗面前孤立无助，有时不禁也如被骗的梁实秋一样，心态黯然。有时候人生来就是被打败的，就像海明威说的，“每个人都欠上帝一个死”，这或许是一种难逃的命运。

中年后的梁实秋经历了政治风雨和战争风波，心境趋于恬淡宁静。毛姆的《伊利亚随笔》和周作人的散文给了梁实秋丰富的精神世界。周作人向来雅淡中和，他氤氲着士大夫气息的小品该是符合梁实秋当时独善其身的心境。可毛姆呢？

毛姆是个从小丧失亲人的孤儿，没有爱的童年生活让他患上了可怕的口吃。思想不能说出来，却通过另外一种方式卓越地表达出来。异彩纷呈的世界通过毛姆的笔端，源源不断地荡漾开来。他和中国同时代的文学巨匠鲁迅一样，弃医从文，作品不断被认可。鲁迅的从文是为了唤醒沉睡的民族，大声呐喊，毛姆却仅仅是为了真实的表达，纯粹的写作，说出自己的切实感受和人生遭遇。比较起鲁迅，他少了些锋芒，少了些恩仇大义，这也许就是毛姆为文学评论家所非议的原因吧。好在毛姆谦虚地说：“我是二流作家中的佼佼者。”

毛姆的作品很少与政治有关，多是攫取于自己生活本身，带有自传的色彩。这使他的作品得到很多普通大众认可的同时，也为一些政客所不齿，但毛姆并不以为然，他坚持表达自由的心性。他鲜有学术派别，如果非要给他冠以什么名号，那只能勉强是“批判现实主义”。他也少有政治上的建树，只是碰巧在“二战”中作了不长时间派入德占区的英军情报人员。而在我看来，他如此这般冒险大概对政治的兴趣，少于他为写作积累素材的情趣。

毛姆爱好旅游，作品也信笔由缰，于是有人说他写的故事大多有跨国界之好，中国开始，印度高潮，泰国结局，足迹遍布欧亚大陆。在他的眼

里，四处闯荡的旅游生活像树上累累的果实，任意抬一下胳膊就有巨大的收获。这些像源源不断的江河湖泊为他的作品注入取之不尽的活水之源。

同性恋为英国时局所不容和禁止，当时的英国知名作家王尔德因同性恋被判两年牢狱。如果不是这样的话，我想毛姆也会把自己长达 30 年之久的同性恋生活囊括笔下，如果后期有幸同其他作品一样，被大牌导演搬至荧屏，我想其影响不会次于获得奥斯卡奖的《断背山》。这样看来，他有点胆怯了。在英国社会谈同性恋色变的情况下，他和恋人来到了法国的小岛定居，安度后半生。这是不是说明他在以另外一种方式和当局作着顽强的抵抗？这是一次胜利的离经叛道？这些做法或许只有坚持自我、自由书写的毛姆敢为。毛姆的作品虽未涉及当局禁止的同性恋，但他用真切实在的行动证明自己的反抗，这往往比吹毛求疵的描写更具张力，更符合毛姆的性格特征。毛姆的心性无疑是自由的，让逆境中遭人贬斥的梁实秋艳羡。以梁实秋当时的心境来看，喜欢读毛姆的散文不无道理。

沈从文说：“把文学附庸于一个政治的目的下，或一种道德名义下，就不会有好文学。”他强调的是文学的纯艺术性和欣赏性。这与梁实秋在接编《中央日报》的副刊《平明》时写下的编者话不谋而合，他这样写道：“现在抗战高于一切，所以有人一提起笔就忘不了抗战，我的意见稍有不同。与抗战有关的材料我们最为欢迎，但是与抗战无关的材料，只要真实流畅，也是好的，不必勉强把抗战截搭上去。”他是说，时政固然重要，但也不必非为某个立场而殚精竭虑。忘记了文学作品所涵盖的内容，不仅仅是政治还有更多的其它他，而只要是真实流畅地表达就是好的。

梁实秋所推崇的心性真实的小品写作，被眼里不揉沙子的鲁迅贬为矫情自饰的小情调，徒费无益。同时也遭到了左翼联盟成员的激烈批驳和围攻。这其间由于个人和派别对时政所持观点的不同，对阵中不免夹杂着偏激之词。也许是书生的性格懦弱，也许是文人的政治迷茫，也许是时人的前程迷离，这一切梁实秋都默默地承受，不予以辩驳。其实，单从文学样式来看，散文本是个自由的文体，非常个性的文体，人的性格都有千差万别，更何况文如其人的散文呢？何必要求千人一面呢？

关于这段历史的是非曲直，我们这些无名小辈无力品评对错，历史会给出自己的答案。庆幸的是他们不同风格的文字流传至今，得以让我们欣赏到不同的语言文化魅力。

也许就是在被左翼联盟口诛笔伐的困惑中，梁实秋越来越喜欢毛姆写的东西，也许就是从那时起，他在毛姆随性、诗意、自由的文字中找到了自己的精神世界。也许梁实秋就在成都雅舍的某一个晚上，在一间简陋的民居土舍里，在一阵鼠牙啃噬的时缓时急中，在一盏皎月清辉的照射下，他将毛姆的《伊利亚随笔》轻轻地放在桌角，提起笔，怡然写下“雅舍小品”四个字。而此时，穿越时空《雅舍小品》就静静地摆在我的书桌上……

永远的“人间四月天”
——罗哲文先生眼里的林徽因

一

你是一树一树的花开
是燕在梁间呢喃
你是爱　是暖
是希望
你是人间的四月天
……

众所周知，这首著名的现代诗名字叫《你是人间的四月天》，是民国奇才美女林徽因所作。提起林徽因的名字，也许大多数人和我一样，因多情诗人徐志摩与其有感情纠葛而知晓。而当你走进她的生活，才会发现她真正的才情和博大的胸怀。

对林徽因的深入了解，来源于几年前一次难得的采访。采访的对象是林徽因和梁思成的嫡传弟子罗哲文。罗哲文是我国当代泰斗级的古建筑专家。21 世纪初，这位具有传奇色彩的老人给予秦皇岛长城保护和开发极大的热情。特别是针对山海关古城开发项目，罗哲文先生前后二十多次登临山海关古城。令人遗憾的是，2012 年罗老不幸离开了我们。天地著风雨，路人同悲切。回想当初见他的样子，慈祥谦逊的笑容、沉缓稳重的声音似乎还在耳畔回响。我是有幸因宣传需要，执笔著书《罗哲文与山海关》，结识了这位古建筑大家，更有幸近距离听他讲述师母林徽因的故事。随着当初罗老断断续续的回忆，一个温情母仪的林徽因向我们走来。

如果你来到罗老的家，目光所及之处全是书和资料。沙发、地上、床头、餐桌、凳子……一摞摞地堆满屋子。每一摞书都有一人高，像一座座拔地而起的小山，你都无从下脚。非常神奇的是罗老不急不忙，能准确地从书海中找到自己所需要的材料。他从一个厚厚的纸盒子里翻出一本珍藏的相册，那里藏着它很多回忆。提到当年拜师梁思成夫妇的事，罗哲文老先生不无感慨地忆起峥嵘岁月。

罗哲文是1940年中学毕业，后以优秀成绩考入由梁思成等几人发起开办的“中国营造学社”（即清华大学建筑学院的前身）。“中国营造学社”后跟随中国抗日军政大学的转移，从热闹繁华的重庆搬到偏僻遥远的宜宾李庄镇。刚入学的时候，罗哲文并不是在梁思成的门下，而是在中国营造社的法式部学习基本测量。因为少不谙事，经常在院落里与梁从诫（梁思成之子）爬树、打弹珠。活泼好动的罗哲文此时还没有完全确定自己的人生理想。一日，林徽因在院子里散步，无意中发现罗哲文在地上画着不规则的几何图形，觉得他画得有模有样，非常有绘画天赋，硬是从其他的老师手下将小罗哲文要走，纳入自己名下。一个小小的决定，却改变了罗哲文的一生，让他竖立了致力于古建筑研究的人生理想。

师父、师母待他像自己的孩子一样。刚到李庄不久，罗哲文就生病了，高烧不退。夫妇俩想办法为他寻医问药。可是李庄是一个偏远荒凉的小山村，几乎没有任何药品，更谈不上什么医疗条件。师母急得没有办法，只好请同在此地的同济大学的中医教授帮着出方子，自己再按照方子到附近的山上找中药。师母本来身体虚弱，上山、熬药都是体力活，这让她的身体更加不支。可能是师母的诚意感动了上天，汤药起了作用。在昏睡了三天三夜后，罗哲文终于苏醒过来。他睁开眼睛看到的是师母布满灰尘的脸

破涕为笑，这个画面一直默默地记在他的心里，不曾轻易对人提起。

自从拜师梁思成、林徽因，罗哲文亲眼目睹师父母为研究古建筑所付出的辛苦。李庄本是内陆穷乡僻壤之地，条件之恶劣，根本没有什么学术氛围，也没有什么资金用于野外考察之用。梁思成夫妇呕心沥血，通过精心查阅资料，于 1941 年著写了《中国建筑史》。遗憾的是，当时自己年龄尚小，无力帮助他们，只有默默努力学习，打好基本功，学好知识文化，才能帮助师父、师母，才能成为像他们那样有才学、有抱负、有建树的人。通过师父、师母二人手把手的调教，罗哲文一步步走进了古建筑艺术殿堂。

在罗老的家里，有个不成文的规定。家人和保姆熟悉罗老的习惯，从不乱动罗老的东西，尤其是书架、柜子里的东西是万万不能碰的。因为早年师母林徽因送给他的英文书籍就藏在那里。那些师母签有名字和励志格言的英文书籍是罗老心目中的无价之宝。

在与师父、师母学习的过程中，最让罗老难忘的是师母林徽因教他习读英语的时光。李庄是个稀无人烟的小村镇。“中国营造学社”并没有英语课程，罗哲文与其他的学生不同，他有一份特殊的优厚待遇。师母林徽因早年从国外留学，英语非常流利。有时候师母会用英语和师父开玩笑，时间久了，罗哲文会好奇地猜出什么意思，然后和师母去印证答案。林徽因发现罗哲文对什么都这么谦虚好学，就开始利用业余时间教习英文。直到多年以后，随着罗哲文科研的深入，需要更广阔的视野。他才发现熟练运用英语，为他日后查阅前沿、尖端的外文专业资料，提供了很大的帮助。这一切要感谢师母在当时的无私教授和先见之明。

二

起春秋、历秦汉、及辽金、迄元明，上下两千多年。有多少将帅元戎、戍卒吏丞、百工黔首，费尽移山心力，修筑此伟大工程。坚强毅力、聪明智慧、血汗辛勤，为中华留下丰碑国宝。

跨峻岭、穿草原、横瀚海、经绝壁，纵横一万余里。望不断长龙雉堞、雄关隘口、亭障烽堠，有如玉带明珠，点缀成江山锦绣。起伏奔腾、飞舞盘旋、月宫遥见，给世界增添壮丽奇观。

这是古建筑学家罗哲文老先生写的长联《长城赞》。上联从时间写起，点明长城是经过几千年的艰苦劳动建设而成；下联从空间入笔，描绘长城的历经千山万阻的艰险雄奇。不从建筑研究来看，单从文学审美的范畴来说，该长联对仗工整，意蕴和谐，内容博大，意境悠远，是不可多得的联中精品，也是万千长城文学主题作品中的超拔之作。从中我们可以看到罗老的文学修养之深、审美情趣之高。似乎建筑和文学没有什么关系，但就是在某些建筑学大师的身上，将它们巧妙地融会贯通在一起。罗哲文如此，他的师母林徽因更是在美学的层面上，将它们很好地集于一身。

秦皇岛电视台曾有“人家四月天”、中秋赏月的诗文咏诵活动，影响力极大，国内外的很多诗人曾参与过诗会的朗诵和录制。很多人争先咏诵林徽因的经典篇章《你是人间的四月天》。每次随着诗文在耳畔响起，我们的内心总有温暖的情绪流淌。

随着罗哲文老先生对师母林徽因陈述的循序渐进，随着对她了解的不断增多，崇敬就会增长。我们难以将出身高贵、留洋饱学归来的女建筑家和善于理家、吃苦耐劳的贤惠妻子相提并论，就像我们很难讲多愁善感、文思敏捷的女诗人和严谨认真、一丝不苟的女建筑家联系在一起一样，可这些称号竟然就一同投注到林徽因身上。事实果真如此，林徽因是文学和建筑界的集大成者。其实，文学仅仅是林徽因的一方面，她更多的贡献还是在本行建筑业上。

罗哲文这样评价她的师母，“大师风范，恩师懿德”。“ 大师风范”主要指，她在建筑学上无人企及的名望。当年，16 岁的林徽因跟随父亲游历欧洲，在卜居伦敦期间，受邻居一位女建筑家的影响，立志成为中国第一位女性建筑家。据说，当年梁思成因为林徽因而学习建筑。归国后，他们受人之托，参与了“中国营造学社”，大大提升了国人研究建筑的水平。

1945 年日本投降之后，“中国营造学社”在异常艰苦的环境下，因为梁思成和林徽因的坚持完成了中国建筑学教育的奠基工作。随后梁思成凭借自身的影响偕夫人林徽因共同筹建了清华大学建筑系，这里也是中国最早的建筑学启蒙之所。随着他们对罗哲文的不断培养，罗哲文已经成为“中国营造学社”一名优秀的学生骨干，正等待着在新中国古建筑学研究领域的光芒四射。

罗老所说师母的“恩师懿德”自然包括很多德行，其中的最高尚的当属伟大的爱国精神。当年师父和师母一系列的爱国行为，深深影响着罗哲文老先生的一生。

1948 年年底，中国人民解放军迅速完成了对北平的包围。梁思成在妻子林徽因的建议下，和从未打过交道的共产党取得联系，连夜用红色的铅笔，在一张军用地图上把他们认为必须特别加以保护的古建筑一一圈点出来，交到了解放军的手中。这期间林徽因一直跟随着梁思成共同完成了对北平古建筑保护图的绘制。与此同时，战火纷飞的年代，爱国的林徽因用饱满的热情和严谨的求学态度，独立完成了巨著《中国建筑史》辽、宋部分的论著。

抗日战争时期，是什么让一个常年患有咳喘的瘦弱女子既能相夫教子，又能奔波生计，还能在研究领域颇有建树？又是什么，让一个名门之后，放弃优越的物质条件，坚持在异常艰苦的环境下，放弃个人享受，选择办学兴教，植树育人，培养了新中国的第一批古建筑学专家？又是什么让一个知识分子，在国难家仇的大是大非面前，站稳立场，作出正确抉择，奋身保护国家的文物遗产？

定是有一种不曾泯灭的烈火一直在她的心中燃烧，在她的学生中传承，在大悲大难的中国上空飘扬。

三

记得冬天的一个午后，阳光很好，北京的冬天正在转暖。我再次来到罗老的家里。那次罗哲文老先生的身体状态不错，小睡之后，很有精神头。和我们谈了很多，包括师母一些鲜为人知的往事。

严谨的林徽因在人们的眼中更多的是有文学气质的女子。这里要提到民国多情才子徐志摩。如果没有徐志摩，林徽因也许不会从事文学创作。16 岁的林徽因在去往英国伦敦的船上邂逅了已婚并有子的徐志摩。徐志摩渊博的知识、风雅的谈吐、英俊的外貌，深深地吸引了情窦初开的林徽因，他们在孤独的异国他乡，在浪漫的伦敦校园，在惺惺相惜的灵犀之下，才子佳人热烈地相恋了。

林徽因出身书香门第，饱学中国传统文化，经过徐志摩的点拨，即刻唤起生命中早已存在的文学天赋。她拿起笔，尝试用各种文字来表达、来写作。林徽因把自己对徐志摩的情感深埋在诗意的文字里，含蓄地传达自己的悲伤和欢喜，于是我们看到了一个“在春的光艳中交舞”的林徽因，如“梦期待中的白莲”“细雨点洒”“娉婷”“鲜妍”。被爱情喜悦浸润的林徽因创作出了《你是人间的四月天》。从她展露的文学才华里，我们更愿意优雅的林徽因手执香书，漫步在文学的殿堂里。这样的话，除了可以看到兰质慧心的林徽因笔下行走的美妙文字，还可以免去她在荒郊野外、庙堂土舍间勘察测量的体力艰辛。一个文学界的建筑学家似乎比一个建筑界的文学家更符合女性的身份，更符合读者的善意。可是，林徽因终是个受传统文化熏陶的中国女子，她不缺失人们愿望里的浪漫，也不缺少恋爱女子少有的理性头脑。她明白，与徐志摩的刻骨铭心只能化作转身的不辞而别，这才是真正的林徽因。感性含蓄得像朵“水莲花不胜娇羞”，理智起来“挥一挥手不带走一片云彩”，因为“你有你的方向，我有我的方向”。

可是，他们真真地深爱过，伦敦圣詹姆斯公园的林荫大道留下他们恋

爱的身影，奔流不息的泰晤士河见证了他们的爱情诺言。但再多的浪漫也不能失去理智的缰绳，各种现实的生活让他们最终没有走到一起。自此，林徽因就成了与徐志摩有过感情纠葛的女人中最漂亮、最高雅、最含蓄、最伤感的一个美好回忆。

胡适曾这样说过："志摩是喜欢一个将爱、自由、美集一身的女子，而当时这样的女子非林徽因莫属。"在那个时代，丁玲、萧红、冰心、石评梅等诸多明星女性的光芒照耀天空，但才情却都远远逊于林徽因。尽管这些女性在美貌、善德、才学、心智、性情、气质等方面各有所长，但能将这些集于一身的只有林徽因。林徽因无疑是这一优秀女性群体中最特别、最璀璨、最耀眼的一个。难怪当时科技学术领域的"四大泰斗"频频向林徽因示好。他们分别是政治学家张奚若、经济学家陈岱孙、哲学家金岳霖、物理学家周培源。据说哲学家金岳霖为林徽因终身不娶，更不必说性情丰沛的文学巨子胡适、沈从文、叶公超、朱光潜等等，围绕在林徽因的周围，纷纷向她表白，一时曾都不能自拔。

罗老说："林先生确实是一个让人崇敬的奇女子，她的超凡智慧、家国情怀、她的人生格局非一般女子可比，更令大丈夫汗颜。"

记得当时罗老先生谈起师娘时，一时口若悬河，一时又无语凝噎，至今还能清晰地记得他眼角的湿润，这悄悄地泄露了一个世纪老人内心最柔软的部分。

气质如兰、风华绝代的林徽因不愧是谪居人间的天使，我们惊讶于她的不凡和绮丽，她"是爱，是暖，是希望"的化身，她旷世的美丽，如"一树一树的花开"，长久绽放在"人间的四月天"。

因是卡夫卡

床头上一片混乱，衣服、书、眼药水、发卡、充电器摊得满满，像要晾晒自己的忙乱和繁杂。有时，特别渴望琐碎有序甚至无聊机械的体力生活，比如，当个挥汗如雨、卖尽力气的搬运工，心无旁骛，一心装卸货物，然后是安心的饭食和鼾声如雷的睡眠。自愈最好的良方就是身心彻底地酣睡，像冬眠的蛇，睡个天昏地暗。

睡前翻阅的书籍还保持着那一页，时光停滞在那里。我对书的好感来源于它的忠诚，它从不会背叛。时隔多日，当我继续翻看那一夜停下的页码，像续上一段前世的姻缘。那一夜的子时，我的眼睛疲惫地打架，头脑却不肯饶恕眼睛，想找本书看。一下子摸到卡夫卡的《变形记》，翻着翻着旋又兴奋，那一夜我又重新认识他。浮云翻卷，天气阴霾，蓄积山雨的力量，像奔跑的猛兽瞬间向我袭来，它就是海边的卡夫卡。

朋友说，我不适合多看卡夫卡的书，因为我已经有点“卡夫卡”，不可变本加厉。年少时候翻阅《变形记》，把它当作科幻小说看。当时电视正在热播动画片《尼尔斯骑鹅旅行记》，它讲的是淘气、顽劣的少年男孩骑上了一只环球飞行的天鹅，遭遇各种凶险，最后成长为勇敢、乐观的好孩子的故事。《变形记》的故事可没有那么励志和圆满。它说的是一个上进的年轻人萨姆莎变成了一个身躯硕大、脚细得可怜的瓢虫，孤单无助地生活在现实的人类社会里，受尽歧视和谩骂，艰难求生的故事。科幻故事

总是让人异想天开。年少的我尚不懂故事深刻的内涵和社会批判意义，只是觉得人变来变去的，着实令人兴奋和欣喜。异想天开地幻想我也变成一个动物。而多年以后，当我再次翻看卡夫卡，我才理解了萨姆莎的痛苦和绝望。

很多人不太喜欢左拉的自然主义。自然主义尽管有这样、那样表达上的缺点，但它的所需写作功力却是不可忽视的。卡夫卡正是用地道的自然主义手法描写超现实的梦幻世界。写得真实、栩栩如生。这有点像现在孩子们爱看的《哈里波特》，荒诞离奇、光怪陆离的城堡世界，明知道是虚幻的，却坚信它真实地存在。这归功于作家细致入微的自然主义手法描摹，最终我们被卡夫卡带入书中角色——萨姆莎生活的陌生世界，体味萨姆莎在冷酷无情的人类生活中的孤单无助。萨姆莎因无法融入现实生活而陷入苦难和挣扎，他强烈的成为一个成功上进的年轻人的梦想破灭了，他所期盼的为家人和社会承认的荣誉感破灭了，他梦想成就一个完整人生的归属感破灭了，只因为他一夜之间成了一只可怜的虫子，为所有人不屑、菲薄的异类。可怜的萨姆莎为一个叫作“归属感”的东西耗尽生命。“归属感”到底给人带来了什么？这个问题让由人变异成虫子的萨姆莎困惑，同样也让现实生活中忙碌奔波的“萨姆莎”们不解吧？

近几日的忙碌疏忽了朋友的关怀，同事姐姐取笑我：“你们双鱼座的人总是给人忙碌不堪的样子，同时又给人不知所为的感觉。你们到底在想什么呢？”怠慢过的朋友总是宽容我，这助长我进一步忽略别人。人家总是记得我的苦乐哀愁，我却没有停下来关心一下他们。我这是怎么了？为了所谓的“归属感”马不停蹄吗？朋友心疼地劝解我：“真希望你没有受过教育，你设定的目标会降低，你的脚步会慢下来。”是啊，我这是怎么了？据调查，在中国，幸福指数最高的家庭是小康家庭。职业是公务员、教师、律师、医生，他们的家庭幸福感是最强的。他们懂得拉近理想目标和现实的距离，懂得宽慰、犒劳自己。而我只是迷途荒原上奔跑的鹿，责任感促使我只有沉默、怯懦地奔跑，归属感催促我目视前方、不停地奔跑。

我可能就是可怜的“萨姆莎”，可我却并不知晓。

性格特别的卡夫卡死前默默无闻，死后被冠以“时代先知”的美名。我对他的荣誉不感兴趣，却格外关注他敏感、内敛、封闭、怯懦、时刻对外界保持戒心的性格，并对他抱有一丝同情。他曾经自曝最好的生活方式就是在地窖中沉思冥想、发自内心地写作。他说：“我最理想的生活方式是带着纸笔和一盏灯待在一个宽敞的、闭门独户的地窖最里面的一间里。饭由人送来，放在离我这间最远的地窖的第一道门后。穿过所有的房间去取饭将是我唯一的散步。然后我又回到我的桌旁，深思着细嚼慢咽，紧接着又马上开始写作。”这种与世隔绝的生活与喧嚣的现实形成巨大反差。他的格格不入导致生前无名。试想，一个无法融入社会的人怎能成为时代枭雄？

现在的我俨然知道年少时科幻般的痴想多么虚无，只是时常还会梦想自己就是汪洋大海中一条自由无知的鱼，它逃脱于蜗居的鱼缸，穿着花裙子，天真地向海心的最深处漫溯，向生命的纵深处探索，海浪滔天，我心安然。或者，梦想自己是荒漠中一棵安静矗立的树，以孤寂坚守的方式融入世界，风虽不止，但树心宁静。可是海心、荒漠和地窖有什么区别呢？鱼胆小而怯懦，树孤单而残缺，像极了卡夫卡的人生，与世无争、百般摧残又终为人认可。

“萨姆莎”，多么可怜的大虫，你注定无助和孤行，必然坚定和深刻。生活在人类之中，你唯有自愈和独败。试想他们：同类尚还不能完全善待，又怎么能欣然保护一个变形的异类呢？

因是卡夫卡，我睡不着，也醒不来，到何处寻我一张安适的床？

第四章　旅　　途

尘世的沙
随风起舞
旋转成一支藤的样子
弯曲　攀爬
向着天涯
和比天涯更远的人生繁花

甘肃行

阳关难三叠

一

“劝君更尽一杯酒，西出阳关无故人。”这是王维所写的《送元二使安西》的一句，提到的阳关定是个情丝缠绵之地。在这里，上演过多少感天动地的离情画面，告别过多少个天各一方的天涯游子，记录过多少段情深义重的相思别离。阳关城下，有情人依依惜别，昔日的一杆浓情小毫、一枝淡墨飞白，让相送没有泪眼，只剩下一杯剔透晶莹的清盏，将临行的嘱托斟满酒杯。道一声珍重，故人在此惺惺挥手作别，渐行渐远的阳关就要淡出视野。西望四起的尘沙，唯有友情必将温润孤寂的旅途。阳关，伴随着一代代文人豁达的情感、悠远的诗境、深情的离歌传颂至今，它不再是一个地名、一段历史，而是一个经典的画面、一个伤感美学的文学符号。

余秋雨曾经在《阳关雪》中提到“对诗境实地的踏访”“简直就像对失落故乡的寻找”。这一次，我怀着饥渴之心，怀着故乡般的渴望奔赴阳关，去追寻那些醇美的诗句和文雅的诗人，而此时，阳关已在我脚下。

阳关位于敦煌西 80 公里左右，是汉代建立在荒漠之中的关隘，虽说路

途距离敦煌不算遥远，且有沙土砾石路前往，但经过咨询，才知道探访那里的游客并不多，旅行社对待这样的冷线路并不积极，如果真要去的话，建议我从敦煌自行包车前往。

曾经的阳关，历来不是清净的圣土，历代朝廷在这里设关建卫，政客、商人、高僧、士兵从这里穿行，它的每一寸土地都是历史，每一处角落都是文化。当年，玄奘取经归来从这里走入长安，中东的商人将丝绸从这里运往世界各地。也是在这里，短视愚蠢的王道士把从莫高窟偷来的经书文物盗卖到国外。国家级的宝物在无知和贪婪的作用下被廉价地倒卖，损失之巨大无可估量。这是一个同时承受无数荣光和创伤的地方。

丽日晴阳的早晨，我提前来到旅行社通知等候的地点。西北的司机师傅比我来得还早。他热情地劝我改变一下行程。“没啥意思，一个小土堆、几道土墙而已，还是不要去了，很少有人光顾阳关这条线路，我们司机都不去那里。去任何别的地方都比那里好玩。”

“真的想去亲眼看看，要不咱早去早回吧。”为了减少讨价还价的时间，我表示去意已决。

“你还是别去了，那一路上连个人影儿都没有，全是土疙瘩，车不好走。沿途也没有什么景色，天气还这样干燥，打空调都难受。你一个姑娘家自己去吗？再想想吧！”司机师傅靠着车抽着烟，不情愿前往。

阳关，温暖的阳关，伤感的阳关，无数次出现在诗人雅士们字里行间的伤心地、浓情地，真的变成了冷落地吗？

“师傅，别等了，看样子是搭不到伴了，我一个人付了全款包车去吧。”我坚定地说。

“去了你就后悔。”在我付了高额的路费后，司机师傅掐了烟，不情愿地发动了车。

二

汽车在一望无际的戈壁滩纵情奔跑。48 摄氏度的地面在我们的车轮下一公里一公里地碾过，车内闷得像个蒸笼，司机师傅不舍得开空调，看在人家不情愿的份上，我也不好多事。不由得想起当年奉命寻找汗血宝马的西域侯张骞，在这条荒无人烟的古路上，冒着大漠溯风飞雪，将一匹匹汗血马牵至长安。多少个边关守将通过这条路去守护塞外关口，追杀异族强虏。“瀚海阑干百丈冰”“风掣红旗冻不翻”，那样的纷飞大雪，那样的冰冻三尺，比眼前的环境不知要恶劣多少倍！古人对自然环境的征服意志由此可见有多么的强烈!

车行一路，竟然没有看到一辆对头车错行而过。一个孤身女子，一名陌生男司机，一辆没有空调的破捷达，终于在惴惴不安中颠簸近两个小时后，在一小块儿刻有“阳关遗址”的石碑前停下来。

“这就是了。”司机师傅甩下一句短得不能再短的话后，就打开车门，蹲在车旁开始抽烟。因为他实在找不到一处可以遮阳的地方，到处是荒郊野地，到处是残垣破瓦，仿佛这里是被与世隔绝的地方。

我望着眼前的景象，竟让我不能相信此处就是目的地。几堆小土包像是孤坟荒冢，几处光秃低矮的土城墙不规则地分布在方圆一华里的地方，破落不堪，好像就要淹没在沙漠石海之中。阳关在我的想象中至少像个健康稳重的中年人，但走近它，却发现像个苟延残喘的老者，透着衰败的气息。这里只有一块儿孤零零的石头，孤单单的四个字诉说着千古哀愁。这里没有通向东南西北的阳关大道，更没有人头攒集的内外关口。难道这就是我朝思暮想的“阳关”吗?

王维一次无声的叮嘱，从古流传到今，洋洋洒洒。经典悲情的送别一幕穿过时光，永远浸润在历史的长河中，扎根在人们最柔软的内心深处。它散发出来的悲情艺术魅力始终让人们心旌荡漾。但我实在不敢想象，唐

代大诗人王维就是在这里挥手友人？无数的文人墨客提起的别情阳关，今日竟落得如此模样？满眼的荒芜，除了远处有一个烽火台依稀挺立，简直不敢相信，我脚下的泥土刮过两千年前的尘埃。没有丝毫的痕迹，可以让我触摸到它两千多年的面容。

在历史上，阳关一定是个人员往来众多、商贾将士密集的古城关。这里的沙粒不止一次扑打在诗人昂起的额头上；这里的明月不止一次安抚过荒冢下戍边将士不安的灵魂；这里的古道不止一次地响起中西亚的商旅不远万里驶来的驼铃声。而今呢？触摸着历史冰凉的体温，不敢相信那个曾经鲜活的躯体现在还依稀尚存。是的，它已经老去了，没有人能够经得起时光的蹉跎，两千多年啊，两千多年的岁月让我们没有资格品评它的过去与未来。老态龙钟是它该有的容颜，沉稳持重是它该有的仪态。但无论怎样，都不该是眼前这幅没有容颜的样子。

人迹罕至、满目疮痍，无处不是衰败和没落，竟没有看到一处有人待见的模样。不是热门景点，倒也是众人心中的“文化胜地”啊，垂年暮色，不见昔日的容颜，不见往日的光鲜，但凭着它在文化长河中的经久不衰，凭着它积淀在文人心目中的浓情蜜意，无论怎样，它也该像位老者一样受到尊重，可这里毫无迹象表明这些，而是像被历史打入了冷宫，再也无人问津。

三

阳关的塌陷和坍圮随着夕阳的余晖慢慢陷落，随着最后一抹云彩的淡出，落寞地消失在天边。看来，我们只在记忆的零星碎片里、文人的字里行间去追寻它散落的光芒。

太阳就要沉落在地平线下。司机抽过一袋烟就开始催促我返程，他说我是这样答应他的，要不他根本不会来。

“这儿的司机没有夜间行车的习惯，回去近两个小时的车程，路上没人烟没信号的，车子一旦出了差错，后果很难预料。”司机师傅张罗着返程，催我上车。

“告诉你没意思吧，你不信，就是一堆小土包。不过你可以就近去那个城墙看看，我载过几个游客都去那里，挖些汉代的城墙土，带回家。毕竟是两千多年了，没人看到，没人管的……”司机像个很有经验的家长，把我当成不听话的孩子，总结早就预料到的后果，又善意地告诉“孩子”补偿的方法，但他的好意却让“孩子”哑然。

司机怕我寻找装烽火台墙土的家伙什儿，担心耽误时间，提早为我预备了空的矿泉水瓶。

我在司机师傅的引领下，迅速找到一处土城墙。司机仍甩下一句最短的话“就是这了”，转身走回他的车。我竟愣愣地站在土墙旁，站在一座有着两千多年历史的躯体旁，不知如何是好。我轻轻地触摸着它年迈的皮肤，像是要唤醒一个长眠于此的老者，她的容貌历经冰霜雪雨的洗礼，略显粗粝；她的血脉淌过秦宫宋苑跳动的厮杀，略显疲惫；她的声音夹杂着唐风古韵的风骨，硬朗绵长。我贴近她依然动感的心房，倾听她碎碎念念的喃语，讲述她在四起的狼烟和猎猎的战旗中守望岁月的飞短流长。我以卑微肃穆的心凝视着她的威严，静听着她的心酸，唯恐因不敬惊扰了老者的小憩。

历史的遗迹经过岁月的风蚀，注定会遗失在某个必然的角落，就像难以阻止生命的老去。有的景点即使花费巨资予以保护，也难以阻止躯体的衰老，更何况有这么多人的漠视和拆毁。如此灿烂的文明即将轻易遗失在一次次“挖土墙”的行为里，让人无奈又齿寒。

千年的古迹毁在自戕式的杀戮中，这不由得让我想起莫高窟的王道士，今世国人残忍的“挖掘行为”似乎比王道士的拱手相让更令人痛心疾首。而今天的阳关，只能在悲戚中，缅怀那些曾经给它带来风采和诗意的文人雅士们了。

阳关，故人在此依依挥手作别，转身便是天各一方。把酒吟诗的昔日

历历在目，唯有情谊永存心中，消解古道愁肠。阳关，在历史的诗书里，你永远是一个富有诗意的地方，在文人的笔墨下，你永远是一个寄托情思的意象。

昔日韶华芳踪难寻，今朝文明遗迹遭挞。阳光虽在，三叠难曲。归来途中，信笔赋文，感慨万端。但求，永怀胜地追古思今之心，永记古迹绝代风华之貌。

哀阳关

尽目枯沙火，天高去路绝。
风追西漠地，雪骋北凉阙。
冷月将军誓，曛日汗马歇。
阳关孤一邑，渭曲难三叠。

西藏行之一

初识拉萨的阳光

在北方的冬季里，干燥与寒冷让你无处躲藏。略显昏黄的太阳倦怠地爬向满是冰霜的林梢，一掠而过，又匆匆地滑落在一片白雪茫茫的山坡。每到天寒地冻的季节，在心底就攀升某种愿望。那个被阳光包裹的城市会是什么样？逃离北方的寒袭像心中种下的“蛊”，每每被寒凉的空气袭扰，就在心中不安地骚动。朋友说，冬日里最奢侈的休闲活动是晒太阳。想着初冬能到“日光城”——拉萨去晒太阳，幸福无比。

当飞机多次在青藏高原上空的云层中颠簸驶过，不禁感叹到拉萨晒太阳有点赴汤蹈火，到拉萨晒太阳需要冒险精神。

按照惯例，进藏的飞机一般午前到达拉萨的贡嘎机场。其中的原因或许很复杂，但是对初来乍到的入藏游客的一种特殊关怀——留下整个一下午的时间适应高海拔的气候。尤其是初次见面就火辣的阳光，像巴西人快速扭动的桑巴舞一样奔放热情，一出机场就与你撞了个满怀，来了个措手不及的热烈拥抱。炙热的阳光透过云层，以一种溺爱般的关怀轻拍你的背、额头、脸颊，让你无法拒绝。像个泼辣直爽的东北妹子，以火热的温存舔舐你游子般浪迹的心。先伺候你从里到外通透地洗个舒服的日光浴，然后是静待你迫不及待地钻进绵长的温柔乡。

我算领教了那股赤裸裸的火热劲，让你无计可施，无处可逃，唯有欣然接纳。对爱美的人儿，估计涂抹了防晒指数达到 100 倍的防晒霜也只是心理安慰。我左抻右拽，觉得自己的帽檐儿太小，赶紧脱掉外衣蒙在头上，踩着比平时矮小的影子疾步从机场直奔巴士。可爱火热的阳光此时让人生出烦恼，让人只想躲和逃。司机小李见到我连躲带藏的样子说："在拉萨你是不能怕阳光的，否则你会不开心，它无处不在啊。"司机小李黑红油光的脸在阳光的曝晒下更加亮堂了。

是啊，我不是千里迢迢来体验日光之城的吗？怎么刚刚结识人家就生出小小的厌恶来？

从机场到拉萨市区近两个小时路程，热情而又健谈的司机小李聊起他的故事。他的老家在山东沂蒙山革命老区，前两年如愿以偿当兵到了向往许久的西藏，因为喜欢这里，退伍后就在拉萨安家落户了。

小李突然问我："这里的公职人员有'高原补贴'，你知道吗？"

"什么叫'高原补贴'啊？"我好奇地问。

"起初我也不明白，入伍第一年回家探亲之后就明白了。我探亲回家一进门，跟个黑脸李逵似的，父母打量我半天没敢认。定过亲的媳妇嫌我黑，说啥不同意婚事了。"说着说着，小李不好意思地笑了起来。接着他幽默地说："以前，一直猜想'高原补贴'补的是什么，现在知道补的是感情损失啊！"小李的话没说完，我们就哄堂大笑。虽然知道这是夸张的玩笑话，西藏的阳光怎么会成为一场感情风波的肇事者呢？但心里赞同西藏的阳光"杀伤力强"之说。

车一直在柏油路上飞快行驶，正午的阳光像舞台上的追光灯直射着车子。小李边打开空调边很有经验地说："在拉萨开车，什么都可以不好用，但冷气空调必须好用。"

躲进舒适的空调车里，有了看风景的心情。特有的高原风光在阳光的照射下铺展开来，从贡嘎机场到拉萨市的公路沿着雅鲁藏布江河谷逶迤盘旋。车无论往哪个方向行驶，跃动的江水都一路歌唱相伴。雪山清晰地屹立眼前，仿佛在向雪山深处溯源。金黄的麦田在千年雅鲁藏布江边舒展，牛羊在雪山脚下安详地吃草，苍鹰偶尔从空中划过优美的弧线，饱满的青稞和肥美的牧草在阳光下充分地进行着光合作用。大自然和谐的音符，荡过一股股的麦浪，跳跃在藏民喜悦的脸庞上。想起朋友从西藏给我带来的黑豆，它比南国的红豆要大得多，圆润坚实，花纹漂亮写意。想必这种豆子在高海拔的土地上生长，一定是靠贪婪地吸收大量的阳光才结出细密紧致的果实吧！西藏的阳光虽是热烈得殷勤了点，倒也是个有情物，它不仅骤时暖了游客的心，顿时刺亮了游客的眼，也缔造了田园牧歌式的高原丰收景致。

当把行李放在酒店后，我便迫不及待地到街上买帽子。西藏人的脸膛大多赭红，头上都或大或小地戴着一顶帽子。其中最有特点的是帽檐很大、耳上两边有上翻的样式，戴起来像个西部牛仔，神气又遮阳。在路人的指引下，我摸索到布达拉宫脚下的一条商业街，街头的衣帽店颇多。每一个商店的帽子各式各样，而衣服式样多过时且与内地差距很大。藏族老板的生意都不错，买主很多，有些招架不住。随意走进一家，店主不等我开口，就将一顶流行的“牛仔帽”推荐给我，用不太流利的普通话说：“男女通用，35 元。”我戴在头上尺寸略大，但遮阳效果真的不错，样式又特别，便毫不犹豫地买下，在躲也躲不开的日光下直奔布达拉宫，提前预约票务。

站在布达拉宫门前拍照，才发现在西藏拍照可是件麻烦的事，要考验拍摄者的光线捕捉水平。我照得很辛苦，但每一张照片要么眯着眼，要么左右两边半明半暗阴阳脸，要么就逆光一身的黑乎乎。一位拉客拍照的藏人看出我的苦恼，一路追着让我试试他的照相水平。我用余光扫了他一眼，总觉得有小生意人的狡黠藏在黑得煞人的脸膛后面，让人不敢近距离直视，一路未敢理他。

布达拉宫是西藏的面孔和表情，来西藏不能不看这个标志性建筑。但我事先听说，看布达拉宫最好的两个时机是夜晚和水中。夜色中的布达拉宫表情含蓄低婉，水中的布达拉宫表情妩媚娇柔。是阳光的去与留，让布

达拉宫幻化摇曳出不同的身姿。夜色中的布达拉宫因拒绝阳光而美丽，而水中的布达拉宫却是因阳光的折射而生发美艳，世上的事情就是这样多少有些矛盾。作为一个来去匆匆的旅游者，我无缘挑剔阳光的来去，无法选择观赏布达拉宫的最佳时机。择日不如撞日，既来之则安之，就在明日一早前去探望。

次日，踏着清晨的第一缕阳光，我跟随朝圣的普通藏人从后山登布达拉宫金顶。年纪大一些的朝圣者绕着布达拉宫外围开始转山活动，他们手里拿着转经筒，嘴里念念有词，其他藏人的手里大多提着暖壶。起初，我以为里面装的是北方人早晨从小摊儿上买的豆浆，后来到了山顶，才知道里面装的是新鲜的酥油。藏人为向佛祖表达诚意，就在寺庙的酥油灯里添加自家带来的酥油，祈求佛祖的光辉一直能够像阳光一样常明，永远照耀在自己的身边。

世界上少有哪个民族像藏族一样全民信教。西藏的历史和佛教的历史有着紧密的关联。藏传佛教传入西藏的时间较早，影响也很深远，如今更是渗透到藏人生活的方方面面。他们在苦难的命运中寄希望于佛祖，希望通过对佛祖的顶礼膜拜来得到庇佑，逃脱他们被农奴主轻视和践踏的噩运。然而就是这微弱的一丝光芒也往往成了泡影，因为宗教早也成了王公贵族用于操纵权术的工具。被权术操纵下的佛教昏暗而又丑陋，我想那时候阳光依旧普照大地，而藏民心中却永远阴霾。

经过弯曲幽暗的走廊，穿过阳台，扶梯直上，自东向西，就是五世至十三世达赖的灵塔和佛殿（六世达赖除外）。在幽暗的过廊通道中，仿佛仍能听到贫苦的藏族人民在反抗封建农奴主的鞭挞中呐喊；在与吐蕃诸侯部族混战的刀枪火海中挣扎；在与各大佛教派别的厮杀割据中哀嚎。信仰自由、人身自由成为世世代代藏族人民希冀的阳光，对自由的渴望成为他们最为珍贵的生命之光。

不由得想起现在的哲蚌寺每年都要进行隆重的晒佛活动，那也是当地藏民欢庆的节日。说到“晒”字，自然是与阳光有关。

当巨型的释迦牟尼佛像在早上八点太阳升起的时候逐渐被掀去黄盖头，露出慈悲的容颜，声势浩大的晒佛活动正式开始。成千上万的藏民跪地朝拜，争相献上哈达，亲吻佛像。场面相当震撼、庄重。在游客眼中，佛像只是用布制作而成的巨型图画，但在藏民的心中，它却被赋予了生命。他们亲吻的不仅是佛像，更是对自身信仰的一种坚定和永恒。他们祈求佛祖能永远像阳光一样给他们希望和呵护。

生活有了希望便永远不会破灭。

当我走出布达拉宫，黄昏的阳光又一下子倾泻到我的全身，将我包围。我下意识地要戴上帽子，可一不小心，精心挑选的“牛仔帽”随一阵山风吹走，我赶忙去追。一位藏民看到我狼狈不堪的样子叹息地说：“到西藏来，你就不能躲着太阳啊，拉萨是世界上离太阳最近的城市，连佛祖都想晒太阳，更何况我们。”

我追逐着被风卷走的帽子，却怎么也追不上，也许我追不上的是一种淡定从容的人生。这下好了，索性让自己与拉萨的阳光来一次最彻底、最亲切、最真诚的拥抱吧！

西藏行之二

永世的凝坐

达赖和班禅是藏传佛教的两大活佛体系。西藏佛教界认为达赖是观世音菩萨的化身，班禅是无量光佛的化身。达赖驻扎在拉萨的布达拉宫，班禅驻扎在日喀则的扎什伦布寺。但对外地游客而言，如果不是深究藏传佛教，两座寺庙并没有因住持活佛的不同而有太大的区别。如若有时间还是希望近距离感受不同支脉的佛教文化。

布达拉宫是拉萨的著名景点，也是入藏必去的景点。正因如此，那里人山人海，提前预约买票的游客排成长龙，参观宫殿内庙的游人摩肩接踵。布达拉宫名声在外，单就热闹和人气比扎什伦布寺占了上风。也许是“偏安于一隅”，不与布达拉宫“争高低”的谦逊之风吸引了我。在游览完布达拉宫后，我决定第二天一早马不停蹄地直奔日喀则，去参观布达拉宫之外的第二个藏传佛教圣地——扎什伦布寺。

扎什伦布寺位于西藏的西南部，去那里要路过抗英名城—江孜，越过雅鲁藏布江，穿过圣湖—羊卓雍措湖，翻过几座冰川雪山才能到达。不顾高原反应，我包了一辆吉普车，径自奔赴拉萨五百里外的扎什伦布寺。颠簸的跨越雪山之路让我头昏眼花，辨不清方向，一路呕吐。窗外是异常壮美的雅鲁藏布江湍流不息，车内是高原反应折磨得我兴致大减。自两天前我初次踏上西藏的土地，抵达拉萨贡嘎机场，头晕目眩的高原反应让我像得了重感冒。昨日从布达拉宫下来，今天匆忙赶往扎什伦布寺，让身体面临严峻考验。途中无数次想停下，头一直斜倚着座位一动不想动。我想到底是什么这么吸引我的脚步，非在如此疲劳、如此紧张的情况下赶往扎什伦布寺？

历时 7 个小时的坎坷颠簸，在太阳西沉的时候，我终于到达了目的地。远看红彤彤的落日余晖洒满扎什伦布寺，散着点点金光。西藏的阳光比内地缠绵和顽皮，十月的北方城市，这个时辰的太阳已经软绵绵，而日喀则的黄昏阳光依然热于玩闹。

汽车穿行在日喀则的主要街道上，行人淅淅沥沥地来往穿梭，游客显然没有拉萨多，店铺不像拉萨密密匝匝地挤在一起，只是散落在城市的街巷，像一盘没有下完的棋。司机师傅说，街道的水泥马路是为了庆祝西藏成立 60 周年大庆时修建的。当时班禅大师从北京返回日喀则扎什伦布寺，沿途的信徒无不为接近班禅的圣体而喜悦，争相敬献哈达，让大师摸顶赐福。看来扎什伦布寺的“主人”——班禅，在藏民的心中影响一样深远。

六点钟参观扎什伦布寺的时候，已经关门不售票了。年长的喇嘛听说我从拉萨特意赶来，连夜还要返回拉萨时，特准我进门，并派一个小喇嘛作向导。

扎什伦布寺的占地面积没有布达拉宫大，对游人也不像布达拉宫要求严格，游览布达拉宫限时限人还要预定门票。这个时辰，扎什伦布寺更是没有游人。难得的清净让我的头晕有所减轻。扎什伦布寺的宫殿大多是历代班禅修行和生活起居的地方。温暖的阳光照在依山而建的扎什伦布寺上，青山红寺，格外宁静肃穆。布达拉宫由山脚处倚红山一直建至山顶，高大雄伟，气势非凡。扎什伦布寺却只建到半山腰，烟雾缭绕，缓山缓坡，少了凌云之势，多了淡定从容。像名家笔下的山水写意。山欲穷其高，烟霞锁其腰，意境到了，比什么都重要。

跟随小喇嘛，在七世班禅的殿堂前遇到了祖孙两人。男孩子六七岁的

样子，眼睛明亮干净。爷爷帮他拎着帽子和装着零食、水的布袋，看样子是远路而来。每一个殿堂前离佛像 3 米左右的地面上，有一个用绿松石作的标记，标明在此位置行礼。孩子每到一个班禅的殿堂，都在爷爷和蔼的目光下，行三拜九叩的大礼。孩子的前额因多次触碰绿松石形成一小块红印，像可爱的小神灵——哪吒。奇怪的是，他每次的叩拜并不需要爷爷严厉监督，而是自觉地跪在佛像前，真诚和纯净的样子像藏传佛教的嫡传弟子，从小就皈依佛门，六根清净。每次拜完，他大方地朝我一笑，倒让我有偷窥的嫌疑而感到羞涩了。

扎什伦布寺和布达拉宫最大的区别就是各自保留着原汁原味。寺里几乎没有汉字标识，喇嘛们也不全懂得汉语，但据说很多博学精深的大喇嘛都是从扎什伦布寺走出的。如果不是小喇嘛在前面带路，或许我早就迷路了。杳杳的钟声此起彼伏，寺里的饭时快到了，小喇嘛大概有点饿，却不好意思催促我们“快点”，只是用灼灼的目光守在门口，脚步并不深进。

返回扎什伦布寺大门的途中，一位苍老矍铄的喇嘛静坐在门房前，旁边趴着一只忠诚的大黄狗，我猜想他们是要等待最后一缕阳光谢幕才肯转身。他们均用衰老淡定的眼神看着我，看着日落西山，而他们只管静静地守着寺庙，守着岁月。

去西藏旅游，大多数的人不会将游览扎什伦布寺列入其中，但如果我有机会故地重游，我会在那里多些时间逗留，将匆忙的一瞥化作永世的凝坐，亲近它，读懂它。因为它的静美和纯正，深沉和淡泊。“荷笠带夕阳，青山独归远”，无论世事怎样变迁，它始终就在那里，在那里遗世凝坐。

西藏行之三

假如西藏是人人向往的山水写意，纳木错湖就是它灵犀神来的一笔；
假如西藏是流传千古的生命礼赞，纳木错湖就是它空灵绝妙的音符；
假如西藏是倾城倾国的天香国色，纳木错湖就是它明眸善睐的秋水；
……

纳木错湖是西藏的“心灵深处”，去那里，你会见到世界上最圣洁的风景。或许，你还会遇到一位叫丹泽的藏汉，还有他端上的一碗酥油茶。

天堂之幕

一

当地人传说，纳木错湖是海拔7111米的念青唐古拉山的妻子，念青唐古拉山常年流淌的雪水，滋养着她光洁的容颜。她则把雪山刚毅挺拔的身影温柔地拥在怀里。他们相依相偎在千古冰封的雪域高原，演绎着亘古不变的爱情神话。许多相恋的人从世界各地远赴这里，想让神奇的山水见证他们的爱情。再有，信奉佛教的藏民人会不远万里，越过雪山，历尽千辛万苦，来到纳木错湖，让圣洁的湖水照出他们的来世。他们把抵达圣湖看作此生艰苦的修行。因为他们从不在乎此生受尽多少苦，再多的苦难都是

为了来生有个好的投胎转世。

在藏民心中，纳木错湖 4718 米的海拔高度，是考验他们信仰的高度；对入藏的旅行者来说，4718 米的海拔高度是测量人意志和胆识的高度。低温和高原反应挑战着每一个涉足的旅行者。但对于我——一个只有 4 天留藏时间的人，时间非常紧迫，我宁可马不停蹄，也不想错过纳木错圣湖。两天游过拉萨的布达拉宫、日喀则的扎什伦布寺后，我的身体已经告急，重感冒和高原反应双重痛苦折磨着我。特别是入藏第二天，从拉萨到江孜再到日喀则的 13 小时往返车程，令我疲惫不堪。但一想到在第四天就要离藏，只有第三天安排去纳木错湖才不留遗憾，我不顾当地旅行社导游的告劝，于第三天早上八点孤身搭上他们的旅行团队，直奔纳木错湖。

旅程的艰难我始料未及，尽管提早作了些准备，但亲临现场时才发现困难超乎想象。

这是一个由各地游客拼凑的散客团，我背着大包单身加入了这个临时组织。上车打量下身边的邻座。一位地道的藏北汉子，他四十岁左右，瘦小干枯，背微驼。像很多藏区深处的牧民一样，黑亮的头发束着马尾，暗红色的藏袍显示出他在我们团队中的特殊。藏袍里面的高领腈纶衫，像是土褐色的，领子因长时间未清理，磨出了一层又亮又黑的油光。衣襟上有几处明显的污渍，偶尔从藏袍中“穿帮”似的露出来。藏民特有的高原红，在他脸上表现是与众不同的黑褐色。他的眼睛小而扁，因布满血丝而发红，还不时地用余光提防我的靠近，空远忧郁的眼神中藏着一丝躲闪。他脚下塞着一个印有“尿素”字样的纤维袋子，已经占据我位子下面的空间。见我肩上的大包无处可放，他向窗户那边挪动了下身体，把袋子使劲地朝椅子下面塞了塞，可袋子纹丝不动。他朝我挤出一丝尴尬的笑，雪白的牙齿在赭色的脸庞下，格外显眼。我竭力把自己挤在座位的空子里，把大包放在腿上，窝在狭小的空间里，我甚至有点喘不过气来。而更让我憋闷的是他的体味。耳闻边远山区纯粹的藏民一辈子只在出生、结婚、死亡时洗三次澡的传说，他们的身上大多有一种很难形容的气味。先前参观布达拉宫和扎什伦布寺，偶尔闻到朝圣的老藏民身上也有这种味道，我会有意地避开，但这次已无路可逃。至此才明白，为什么刚刚有个人从这个座位上捂鼻子离开了。

我不由自主地把身体极力扭向外侧，又遇煎熬啊。看到我的举动，藏汉像闯了祸的孩子，隐约知道犯错却不知道错在哪里，下意识地把身体又向另一边挪了挪，一路无语。

二

离开拉萨市后，视线变得豁然开朗。成群的牦牛和牧民毡房，沿着拉萨河安详地铺展开来，我们乘坐的小巴士在新修的拉当（拉萨—当雄）公路一路飞扬，不时看见磕长头的藏民从车窗外一闪而过，消失在扬起的尘沙里。我希望他们虔诚的长拜中有我的一份，祝福我身边的藏汉赶快下车，“蒸发”掉。

不知是因感冒、高原反应还是因异味的恶熏，头痛得厉害，恶心难忍。急忙拿出备好的塑料袋，可没吃早饭，根本没有食物可吐。于是试图吃点东西压制一下呕吐的欲望，可油腻的吃不下，干的不想吃，咸的不想入口，甜的没食欲。翻出一罐儿平时爱吃的无糖八宝粥，勉强对付两口，便再也没胃口。剩下的粥成了手中的累赘，用手拿着碍事，放又没地方放，车上没有垃圾桶，反正也不打算再吃，索性扔到窗外了事。我气喘吁吁地试图打开小巴士破旧的窗子，可窗子好像用玻璃胶粘住了根本打不开。正当要放弃时，一个满是污垢的手伸过来将窗子拉开，我一看正是那藏汉。

“要吐吗？”

“不，是想扔掉这个。”我向他示意手中的八宝粥。

“真的不想要了？那就给我吧！”他一把从我的手里“夺过”八宝粥。我以为他是帮我拿着或者是找个更合适的地方存放，但他却肆无忌惮地吃起我剩的八宝粥。

“哎？是我吃过的。”我一时间懵懂地看着他。

“没关系，你没吃几口，扔掉可惜。”他吃完“盛宴”就径自把罐儿装在座位下的纤维袋子里，然后若无其事地用散淡的目光看着窗外。

人规避尴尬的最简单方法就是逃离。因为“晕车”，导游罗小姐暂时和我换了位子，我坐在前面的导游座位上。当我离开位子时，甚至不想多看藏汉一眼，只顾着迅速撤离，哪怕只是暂时的。

路边藏民石砌房子上插满祈福的风幡，在念青唐古拉山永久冰川的映衬下，耀眼而又浓烈。随着舞动的风幡，我在心中默默祈祷，顺利抵达目的地。因为种种不适的痛楚如洪水猛兽阵阵袭来，褫夺了欣赏美景的全部心情。我开始担心，是否还有缘一睹圣湖的容颜。

突然，路边一块标有“纳木错方向60公里”的木牌强烈地刺激了几乎麻木的神经。啊！离纳木错不远了。导游说，再往前翻越拉多拉雪山口就到目的地了。

剩下的路异常颠簸，五脏六腑简直都要震了出来了。我的身体经过两个小时的隐忍开始全面爆发。任凭裹紧羽绒服，身体仍在瑟瑟发抖。眼睛像被强烈灼伤，头像戴紧箍咒，绷紧着疼，嗓子干热冒烟，嘴唇干裂出血，耳朵自鸣，响起拉紧警笛的火车，胃里的东西一阵阵地往上涌……司机嚅嗫新修当纳（当雄—纳木错）柏油公路的平坦，但我却怪罪它颠得我骨疼肉痛，却无计可施。

来过纳木错的人都说，它是个让人身体去地狱，心灵去天堂的地方。我已感受地狱般的煎熬，天堂何时才出现呢？这是上帝特意安排的考验吗？但从无数排队等候进雪山口的车来看，甘愿承受辛苦的挑战者不只我一个。试着喝了口水，但冰凉的水又让我打了个寒战。为什么非要到这个鬼地方来呢？

三

“除了继续忍耐没有更好的办法吗？我能下车吗？”我不得不再次求救导游。虚弱的声音好像只有自己才能听到。接着有气无力地回答导游的问题：“我没带止疼药……没吃红景天……平常血压低……我感冒了……”没等说完，就昏沉沉地进入无意识状态。耳畔是罗小姐略带批评的抱怨：“你这些都是进高原禁忌，一会儿就是拉多拉雪山口，你这状态怎么能过去？”我试图把头靠向车窗玻璃，一次微小的颠簸竟有了炸裂般的头痛。我又尝试将头倚在椅背上，沉重的头却不断下滑。我只想睡过去，只想大口喘气，只想摘去紧箍咒，再也不想去什么纳木错了。一阵猛过一阵的干呕让我不得片刻安宁，努力咽下一口唾液，极力阻止呕吐的欲望却是徒劳。司机大概怕弄脏车子，在一个货栈附近停下，其他人纷纷下车活动。导游把我扶下车，我酝酿很久，做了几次躬身，终于把刚服下的八宝粥原封不动地倒了出来。我腿一软，“扑通”一声，双膝刚好跪在吐出的八宝粥上。看到膝盖上满是污物，又一阵强烈的恶心袭来，干呕不止……

导游和司机都“夸”我有自信，一个人感冒了还敢到这来，连氧气袋、药都没带。迷迷糊糊中，能听出埋怨的味道。有一对南方的游客开始焦急地问导游，什么时候开车，耽误时间，不能准时到达，她们可要投诉的！

突然，一双黝黑的手伸过来，手心里是两片白色的药片。我一看，正是一直躲闪不及的藏汉。导游罗小姐赶紧帮我服下，还没来得及和藏汉说话，见他又转身向货栈跑去。

过了一会儿，一个瘦小的身影由货栈离我们越来越近，虽说是本地汉子，在这里高原地带跑起来也要人命的。他气喘吁吁地塞到导游手里两瓶葡萄糖和一个氧气袋，却不说话，大口喘着气，一转身上车了。我像得到救命稻草一样深深地吸上氧，咕咚咕咚地喝下一瓶葡萄糖，终于有力气上车。

这一次，导游把我扶到原先的座位上，藏汉的长袍早已铺在上面，像温暖的巢，我一下瘫在上面，混沌之中隐约听到罗小姐在说：“你真幸运！他叫丹泽，他家世世代代在纳木错湖边经营小店，经常搭乘旅游客车往返，帮助过不少强烈高原反应的游客。上次有个患心脏病的老伯，高原反应特别强烈，亏着有他的丹参滴丸，才脱离险情。”我下意识地说了声“替我谢谢他”，就只顾把头扎向氧气袋。躺在那里一动不动，浑身有了一丝暖意。我还能闻到特殊的味道，但已没那么刺鼻。

车上的人用各种方言议论着，他们担心我这个“累赘”会不会耽搁他们的行程，扫了他们的游兴。谁不想多看一眼圣湖呢？我理解他们的心情，因为看一眼它的代价实在“昂贵”，可就不能同情同情我吗？眼泪再也忍不住了，尽情地流淌出来！

头上依然被箍住着疼。脸蛋红红的罗导游告诉我：“你该喝点酥油茶，一会儿到纳木错就去丹泽家的氆氇毡房休息吧，他家的酥油茶好喝还不贵……”又是一个帮人家拉客挣提成的黑导游吗？倒听说过酥油茶帮助入藏的人适应高山反应，可酥油茶有一种强烈的膻味，我能受得了吗？

占了藏北汉子的位子，他只好就站在座位身边。扶着车架上面的行李杆，他的身体随着车的扭动而摇摆。时而关注地看我一眼，就把目光移开，严肃中略带怯懦。他身上依旧散发着的异味，我似乎已经适应。他除了指指氧气袋和导游嘟囔着几句我听不懂的藏话外，一路又是沉默。

四

车子终于翻过雪山口，爬上海拔 4718 米的纳木错圣湖。其他同伴都欢呼着奔向幽蓝纯净的湖水，我却没有一丝力气去一睹它的芳容。我抱着氧气袋，在藏北汉子的引领下，被罗导游扶到了他家的客店。

说是客店，其实只不过是用氆氇围起的棚子，低矮又狭小，四处漏风。有限的地方局促地挤着三张板床，上面铺着一些破烂的羊皮垫子，被子直接卷成一个个卷，横七竖八地堆在那里。一个和藏汉年龄相仿的女人里外忙碌着。她穿着一件无袖的皮袍，袖子露出褪了色的尼龙毛衣，下身裤子的颜色已经被灰土掩盖住，腰间扎着一条手工邦典（藏族女人自行编制的围裙）。她的邦典比我看到过的任何藏族女人佩带的都要鲜艳好看，红蓝绿的花纹配在一起，并不喧闹，但很惹眼，而且比大众的款式短很多，这让她干起活来更麻利。她袖口挽得很高，总是有干不完的活的样子。她一边训斥两声在地上滚爬的孩子，一边把一块干牛粪扔进火炉，火上烧茶的壶黑乎乎，水一直开着。听到门口传来“有酥油茶吗”的询问，女主人便迅速转身去招呼客人了。

两个灰头土脸的十来岁的小男孩看样子还没上学，或者放假在家，蹲在地上，好奇地摆弄着客人丢弃的食品包装纸、饮料瓶。忽地像发现新大陆，争抢着跑出去。

毡房里唯一的家具像汉民农家用的碗柜。磨得根本看不清底漆的颜色，孤独地靠在门边，上面摆着待售的茶、盐、牙膏、酥油、青稞面等生活用品，还有几种写着“红景天”字样的药盒，一律用白纸标着价格。这些难道就是他们经营的商品吗？一个老式的录音机放着嘶哑的歌曲，听不出是哪个时代流行的歌；破旧的茶缸露出里面的铁锈，但在斑驳的锈迹间仍能看清楚“战无不胜的毛泽东思想万岁”的字样，而依墙角胡乱堆放的是十来个废弃的氧气袋和杂乱的衣物。冲着门口有两排脏兮兮的松木长凳，上面摞着一摞碗，凳子腿边有一块黑板写着：“酥油茶 2 元/碗，休息 10 元/小时”。从哪里都看不出这是一个生意很红火的小店，我不禁质疑，这么微薄的收入能养活一家老小吗？屋外一只大黄狗像是刚刚从附近搜刮归来，满足地守候在门口，慵懒地看着游客。

丹泽和导游把我扶到木板床后，从门口那摞碗中拿起最上面的一个，习惯性地用他的袖子擦了擦，倒上一杯浮满油花的酥油茶。我将油花吹向一边，抿了一小口，有点咸，有点膻。藏汉见我有了喝的动作，松了口气，开始鼓捣他的“尿素”袋子。

酥油经过冷空气的降温立即凝固在唇周，腻乎乎的挥之不去，很不舒服。见藏汉出去训斥两个吵闹的孩子，我把碗放在床边。身体经过氧气的活化有所好转，但仍要平躺在床上才舒服些。孩子抢过父亲带给他们的新玩具——八宝粥罐儿，又一溜烟地跑没影儿了。

藏汉边劝我多喝点，边抖落开他的纤维袋子。原来是一套电机设备，他利落娴熟地拆装，并不多说话。我问一句，他简单地答一句。我从他零星的回答中了解到，他这次搭车去拉萨，为的是着急买一个发电机的小零件。这里的生存条件很差。没有自来水，直接饮用湖水。电全靠自家发电机。天黑前要是修不好发电机，今晚他们一家老小就要摸黑。“零件真贵，要 58 元。”他说。

过了一会儿，藏汉以为我都喝了，喊来屋外的女人再倒杯热的。我端着比上一碗油脂更浓的酥油茶，不知如何入口。我猜想，一碗只卖 2 元钱的酥油茶，多放酥油是要赔钱的吧？刚刚喝下的酥油茶腻乎乎的记忆还留在唇齿舌间。我端着第二碗茶寻思趁他不注意放在床边。

我轻轻一吹，油花在茶面悠悠地漂浮着，像纳木错湖面上柔软细碎的阳光，我还有幸欣赏得到圣湖吗？

看看表，离集合返回的时间越来越近，我决定不虚此行，要亲眼看一看。但下地刚走两步，就踉跄着又倒在床上。随着“啪”的一声，酥油茶一滴不剩全洒在地上。心一下子落到最低点，一切都像一个戛然而止的演出，高潮还没到来就要结束了，只任泪水滂沱……

女人再次端上一杯酥油茶，无声地放在我的身旁，拍拍我，扶我起身。我紧缩着身子，谁也不想理睬，只想大哭一场。

藏汉见女人没有劝动我，放下了手中的活计，走出毡房。

五

罗导游急匆匆地跑进毡房说：“车就在门口，该走了，车上人就等你了，再说你熬不了多久，我们要往回赶路。”一个“回”字又一次刺痛脆弱的心，泪水更是狂涌喷发，为这没有相聚的离别，为这不能成全的初见。

藏汉走进毡房，毫不犹豫地阻止导游，让她稍等两分钟，边说着边又跑出了毡房。

就要走了，我估算了租氧气袋、酥油茶、两片药的花销，拿出一百元钱塞给女人。女人和我推搡着说，留 6 元就够。罗导游赶忙来解围说：“来时的氧气袋是丹泽从他叔叔德玛家借的，返回途中把装有氧气的‘枕头’还给人家就好，不用钱了。”“药也没多少钱。”女人抢白着塞回 94 元皱巴巴的纸票。

我正在低头为身体懊恼、为狭隘羞愧的时候，一抬头，突然完全惊呆了。我的眼前掀开一幕宏大的“屏幕”。藏汉丹泽手里拿着铁锹，喘着粗气，饶有成就感地立在毡房外。为了拉开演出大幕，他居然把面向湖的一面氆氇从土里挖了出来，打开了毡房幕布墙。一场盛大的演出开始了，虽说视角有限，我的目光一下子找到演出的主角——纳木错湖，静谧安详的湖水像面通透的镜子，水中是念青唐古拉山清灵的雪线。阳光像布置好的舞台灯光，一下子倾泻进来。白云在湖面上游走，就像芭蕾舞演员曼妙的舞姿，动静相宜，收放自如，曼妙生姿。柔媚的阳光、明净的湖水、透彻的雪山和玲珑多变的天空联合上演了一部亦真亦幻的《天鹅湖》芭蕾舞剧。静若处子的纳木错湖就是翩翩起舞的女主角，藏汉丹泽当然就是这次演出唯一的制片人、导演、灯光、舞美还有剧务。没错，就是这位朴实无华的藏汉导演了这场独特的圣湖风情大片。

在离开毡房的时候，藏汉身上传来隐隐藏香的味道。忽然想起女人的最后一杯酥油茶，不管它有多难入口，我都要喝下。那是他们滚烫的情谊。我端起碗，一饮而尽，浓浓的奶香味飘进心田。

车开始缓缓移动，我拉开车窗向丹泽大喊：“唵嘛呢叭咪吽——”这是佛家最常用的祝福语。小巴士扬起的尘沙模糊了视线，一任他同他身后的湖水在眼前一点点地消失……在四起的扬尘里，我满含泪花，看着他离

我越来越远，变成一个越来越小的黑点，直到再也看不到他的身影，再也闻不到那碗酥油茶的味道……

消失了，他和那场盛大的演出一点点地消失在眼前。在无助的泪水中，一种神奇的力量促使我在脑海里一遍又一遍地重放刚才的场景：那圣洁的纳木错湖水啊，宽厚得像释迦牟尼的胸怀，纳福四方来客。她历经寒暑风霜，静默无语，尘埃落定，像朵水莲花，涤荡一切的尘俗。她用一双粗糙的手掀开了一个美丽新世界，扬起善良、慈悲、仁爱的长幡在空中飘扬。

这或许就是圣湖之“圣”，她用一汪秋水、一片温情、一种存在，遗世独立地站在雪山之巅，吸引你、召唤你、凝望你，不远万里来赴心灵之约，与你倾谈。

相信你来纳木错，同样会看到一道道天堂之幕在这里徐徐拉开，精彩正在上映。

云南行之一

如何不信你

要去云南远行，源于信任，我把家门钥匙全权委托给了李二公子。李二公子住在我家隔壁，虽说是个正派人，却有些乌七八糟的狐朋狗友常在一起耍牌，好赌的人不可信任，无奈家里一个月没人，赶上暖气试水时，我心里不放心。勉强而为之，李二公子是最佳的人选。毕竟李二公子拾金不昧，曾经归还了丢失在楼道里的一条玛瑙项链。

玛瑙是宝石中较名贵的什物，如果再附加上个人情怀和由头来意，就显得更加特别和尊贵。比如李二公子拾到的绿玛瑙，因为失而复得，在我看来比从前值钱了。“二流子”似的李二公子轻而易举地换得了我的“局部信任”，就像烟花女子因为打扮文静而轻松地敲开男客的门，尽管他已有防备之心。

清晨从九寨沟返回成都的路上，路边都是沿途行走的藏族女孩，她们穿着五彩的民族服装，像一朵朵祥云在前方飘浮，看得人舒服又养眼。不时还有着盛装的藏族女孩挥手搭车，司机偶尔会停下来搭乘一个女孩。

一个 20 多岁的女孩刚上我们的车，就被我们一通上下打量。颜色艳丽的藏裙装点着造型各异的银饰，头、耳朵挂满了红珊瑚、绿松石，胸前的项链有十多条，格外引人注目，各色玛瑙、玉石雕琢的物件分外显眼。她

上车后先给游客唱了首地道的山歌，接下来是当下最流行的歌曲，期间她还故意地窜改歌词，调节气氛。她活泼开朗的性格一下子拉近了和车上乘客的距离。

“你的项链真好看！”女人就是禁不住美物的引诱。我开始夸奖人家。

“你穿得这么漂亮去干什么？”随后好奇地询问。

“放牧。”她简短的回答并没有满足我的好奇心。心想，藏族的小姑娘真是爱美，放牧时的着装都马虎不得，好生庄重，可带这么多的装饰放牧多不方便啊？

“放牧要穿这么庄重吗？”我在一旁不解地问道。

“有个藏亲节要参加。”又是一个极简单的回答。藏亲节？藏亲节不是这个时候呀！一团雾水。

“能让我看看你的玛瑙项链吗？”我禁不住女孩满身藏饰的诱惑，开始关心起那些琳琅满目的物件。

“可以呀，这些可是我家祖传之宝。”她说着把上身靠近我，任我一件件摆弄她的宝贝，还不辞辛苦地逐一介绍来历、个个价值不菲。我本是个喜欢玛瑙的女人，因为一直笃信玛瑙是灵性的化身。碰上心动的玛瑙，就控制不住自己强烈的购买欲，而此时我并不知道一场关于信任的较量刚刚开始。

“这个一定很贵吧？”我开始试探她胸前一串红玛瑙项链的价格。

“900 元，但我是不卖的。”她斩钉截铁地说。

“要是能卖就好了。”我一边嗫嚅地说一边拽着人家的宝贝不松手，越是你得不到的东西你往往越惦记。

“既然这位姐姐这么喜欢它，不如你就破例卖给她吧？”导游从旁边替我说话，我很受用。这时，车里的热心人也劝她交易，并开始给她出价。她一言不发，只是浅浅地笑。

车继续前行。早就听说藏族人做生意死脑筋，真是这样啊，白白带了那么多灵性的玛瑙。姑娘在我面前收拾东西，说是 20 分钟后下车。我忍不住最后尝试。

“实在喜欢的话，那我就冒着挨骂的危险卖给你吧！900元不能少。”姑娘很不情愿地跟我说。

“可我只有500元现金，其余都在卡里呢！”

“不行，最低600，你再向别人借100吧，我快下车了。我是不想卖的。”

“就卖她吧！”车里的人又开始帮我讨价还价。

“500哪行啊，太过分了！哎！真是的！……要下车了……”女孩子收拾东西，准备下车。

“这是我奶奶临死前戴在我脖子上的，我的奶奶啊，奶奶啊……”女孩子不禁哽咽着抽泣起来。

“别哭了，别伤心。”我像犯了错似的，有些慌乱地劝慰道。

我再一次为小姑娘具有如此的孝心而感动。她伤感地怀念奶奶，我怎么还说些讨价还价、让人家伤心的话呢？于是花500元买下了我想要的宝贝，小姑娘拿到500元钱后，抹去眼角的泪水，转身下车了。

我仔细端详着这来之不易的“宝贝”。它通体透亮，光滑圆润，真让人爱不释手。可是就在一瞬间，不幸的事情发生了，司机的一个急刹车，我辛苦求得的“宝贝”顺势掉在地上，随着“啪”的一声脆响，宝贝摔成无数碎片。我小心地拾起，却发现裂成的碎片里有许多规整的小气泡，碎片的边缘还露出粉末样的渣。

啊？假的？！真的是假的？假冒得如此逼真，化学合成的塑胶材质竟然蒙骗了我多年练就的法眼。不得不佩服那个女孩表演得太真实了，还有那司机一定是认识她，才众里寻她，搭她上车，更有那导游帮腔太合时宜。天衣无缝啊，防不胜防。他们用动情的故事和鳄鱼的眼泪去欺骗游客，去博取游客的同情心。

原来，信任是如此脆弱，不堪一击，如此轻易，瞬间瓦解。如此戏剧性地翻转效果。信任的坚石轰然倒塌，悄然打碎，灰飞烟灭。碎得干干净净，碎得七零八落，碎得无处可寻。没想到信任和玛瑙一样易碎，“小心

轻放”才行。

我不禁担心起家里的玛瑙来。它一样禁不住谎言的考验，一样禁不起他人的觊觎，一样无力抵挡一场欺骗的到来。况且隔壁的李二公子头扎小辫，后背雕龙绣凤，满嘴粗口，有些江湖气息的老大做派。把家里的钥匙放到他那里不知道是否羊入虎口、正中下怀呢？

在慌乱和猜忌中匆匆结束旅行赶回家。第一时间来到隔壁李二公子的家，像要护卫一个需要保护的孩童。他在“哗哗”的麻将声中不慌不忙地把家门钥匙给了我。我顾不上说声谢谢，赶紧打开房间门仔细检查。什么也不少，什么也没多。他拾金不昧、归还的玛瑙项链，安然地在桌上向我张望。

我开始反省自己，人和人怎会一样？都是表里不一吗？也许贪玩的李二公子，外表浪荡不羁，心还是规矩中正吧。不得不感叹，信任和玛瑙一样，真是肉眼不好识别。

李二公子，这厢有礼了！

云南之行二

梦寻香格里拉

今年北方的冬天格外干冷。昏沉沉的冬日，似乎打不起精神，刚刚升起，就落到山下。天气是如此的低沉阴冷，在天寒地冻的日子里，我的心也紧缩着。年终岁末的浮躁和疲惫决堤似的崩塌，心碎碎的，紧紧的，沉沉的，彻底有一种逃离的欲望。

告了几天假，带上不能再简单的行装，来了一段自由出走。我的目的地是云南，传说中的理想国度——香格里拉。据说那是一片雪域净土，宁静的湖泊水平如镜，高贵的雪山和明净的白云倒映在湖水中，世世代代的香格里拉人在那里过着淳朴安乐的生活。

香格里拉，英国小说家詹姆斯·希尔顿在小说《消失的地平线》中讲过一个传说：在滇藏高原的某处，隐藏着一个神秘的王国——香格里拉，也就是藏经中记载的释迦牟尼生活的香巴拉国。这本书的发表在全球地理界掀起了一个寻找香格里拉的高潮，传说无限美好，吸引众人去追逐。经过半个世纪的探险，雪山深处的云南省中甸县，在实际生活中被认为是最接近这个梦想王国的地方。很庆幸，爱好旅行的人到达那里不必经过人迹罕至的凶险之地，亦不必经过语言不通的奇葩部落，我所居住的城市飞机、汽车可直达这里。一直憧憬着，也在苦苦等待着，能有机会踏上这片神奇

的土地，追寻梦中的香格里拉。

奔北京、下昆明、过大理、进丽江……一路辗转，急行军似的日夜兼程，承受着各种身体上的不适，只为了心中的梦想。当汽车从丽江古镇出发，穿行在蜿蜒的山路上，直奔玉龙雪山的时候，却突然得知进山路面结冰，无法通车，无法抵达中甸县。赴约似的行程，满心的期待，要在这里戛然而止，我的心一时间涨满了遗憾，头脑里满是天公不作美。

梦中的香格里拉就这样擦肩而过吗?

我只好在丽江逗留，等待进山的消息。或许停留也是一种到达，尽管非我情愿。

我已来过两次丽江古城，喜欢丽江古城的亲和力。它没有和大多数的古城一样，有城墙包围，而是像热情的纳西人一样敞开怀抱，欢迎四方来客。我早已熟稔古城的布局和轮廓，但不得不承认，前两次旅行只是走马观花。这一次，我要用散淡闲适的步伐，慢慢地品味这座古城。

一座城因为水而有灵气。玉龙雪山融化的冰水穿过河谷、急滩、廊桥，汇集成三条小河，奔流不息地穿过古城。在丽江古城，你不会迷路，沿着水流的方向，顺水走就是进城，逆水走就是出城。水是这里的魂灵，一座城不论多古老、狭小、偏远，只要有水的养育，就有情趣和灵动。聆听着水的交响乐，穿行在大大小小的桥梁间，走走停停中时光慢了下来。

古街上各色古玩琳琅满目，藏银饰品光彩熠熠。纳西族精致的手工艺品、条子布、扎染服装，应有尽有。我慢慢地欣赏、挑选。停歇在小桥边，聆听涓流跳动的乐章。选个露天茶座小憩，随意沏上的一杯茗茶，因用高原雪水的冲泡，缭绕着冰山雪莲般的清香。朴实腼腆的纳西族“胖金妹”递过的菜单，欣赏着东巴象形文字绘制的“铁板”“火”“鱿鱼爪”，不禁哑然失笑，这就是传说中的“铁板鱿鱼”吗？多么有趣的水乡古城，多么休闲的古风小镇！如果能去香格里拉，或许比这里还要美上多少倍！我相信，来自冰山的雪水同样滋养着香格里拉的明净清澈和灵动慧智！

一个是“小桥流水人家”的“高原姑苏”，一个是梦里寻她的“香巴拉王国”，茶马古道悠远的铃声曾经同样回荡在它们的大街小巷。不知道香格里拉是否也有如此平和、乐观的模样？有清一色的石板儿路？有高低错落的木屋改成的商铺？有自发组织打跳（纳西族语跳舞的意思）的纳西老人？有暖融融的阳光照在他们满是皱纹的脸上，身姿却依然年轻优美？

坐在丽江古城的露天茶座，思绪会随着一条溪流、一杯茗茶、一场打跳、一支风铃而飘远，心中会不知不觉地溢满娴静的情怀。时间也仿佛在那一刻变长变慢，人生道路在那一刻变远变宽。也许你会断然否定曾经认定的一切，骤然接受一个全新的开端，用欣然接受代替怅然若失。于是便一任阳光轻洒，一任时光倒流。在哪里，其实已经不重要，心安顿，便是抵达。在天涯，处繁花。灵魂在哪里，哪里就是心中的香格里拉。

苏轼说“人间有味是清欢”。这清欢的味道需慢慢品尝。心中的香格里拉停顿在丽江的一砖一瓦、一颦一笑、一分一秒里，不为追赶时间而奔跑，不为丢下时光而悔恨，无论停留还是离开，都是从容所在。停下就如纳西老人在满是花香的院落里闻茗品茶，身边的猫猫狗狗安详地晒着太阳，竹桌椅上的茶香悠远袅娜地飘着；离开就像友好地告别昨日酒吧里偶遇的陌生朋友。昨日放在那里养神疗伤，今日重拾平和与热爱的力量，重新出发，继续生活、打拼、拥抱。

我相信，世间没有一处圣地，像传说中描写的“不知有汉、无论魏晋”，香格里拉是食烟火的人间天堂，是天堂里的人间乐土。你若是避世的隐士、遁世的懦夫，你永远找不到理想的香格里拉。

希尔顿在《消失的地平线》中最后发出了疑问：“你认为康威最终能找到香格里拉吗？”

我想，男主人公康威非要到天堂去追寻梦境，一定是空想一场。假若在今世的现实中去寻找，一定会找到心中的香格里拉，不必远赴天涯海角，不必深入高山密林，其实香格里拉就在他的心中。

马是纳西族日常生活中不可缺少的牲畜，他们不仅可以拉车而且是茶马古道上重要的运输工具，伴随着纳西族人的生活。在纳西族的历史中这

样定义“英雄马”：能绕过玉龙雪山，把盐巴、茶叶运到拉萨的马就是“英雄马”，而一心想着翻越雪山，甚至掉落山涧的马并非好马。纳西族的“英雄马”尚且知道，遇到险阻的时候，换条路走一样可以实现自己的目标。在现实生活中，一样可以变换个角度，换个方式，依然可以海阔天高，风轻云淡。

我虽然未能亲自踏上那个名叫“香格里拉”的神奇净土，但我确信已经抵达。因为，香格里拉已不再是个地名，而是一种自醒心境的修炼，一种理想的现实描摹，一种清欢人生态度的达观写意。

泰国行之一

看泰国“人妖”

泰国的“人妖”文化很有特色，名声在外。游客很少没看过“人妖”表演的。“耳听为虚，眼见为实”，真正亲身感受泰国这道独有的文化现象，见识与此关联的“性文化”冰山一角，心情远比预想的要复杂得多。

泰国的“人妖”声名远扬，历史久远。泰国重要的旅游城市芭提雅的“人妖”表演堪称一绝。说起此地的“人妖”文化，还要从50年多前说起。那时的芭提雅只是泰国东部的一个小渔村，后来，美国人在越战中选中它，建立了供美军休息的度假村。不知从何时起，泰国人发现一瓶只卖5泰铢的啤酒，卖给美国人可以卖到5美元（相当于200铢）。而要想卖到高价的方法很简单，就是卖啤酒的只要是泰国小妹就可以了。有的小妹看赚钱容易，卖啤酒时顺便卖皮肉。很多泰国人发现在这里年轻女人很容易赚钱，很多家庭为了生计开始从小培育自家的男孩子向女性方面发展，后逐渐形成一种特殊性别的人——“第二种女人”，简称“人妖”。随着时间的推移，“人妖”不但没有随着战争的结束而消退，反而越演越烈，成为泰国旅游业的赚钱热点。据说，现在泰国甚至有很多专门培养“人妖”的学校。

到泰国芭提雅线路旅游时，泰国的导游会建议你去泰国的红灯区感受一下异邦文化。经过车上导游的一番讲解，你会觉得若是到泰国没去看看

夜生活的重头戏——“人妖”表演，就等于没来过泰国。我虽然对有“自虐”行为的表演艺术不太感兴趣，无奈也在导游的怂恿下，随着拥挤的人群，涌入芭提雅市中心的一个豪华剧场。这家剧场长年累月出演“人妖”表演，且是24小时不间断营业。而这样大规模的剧场在芭提雅有数十个。

在震耳欲聋的音乐中，几十名“人妖”在华丽的红色演出服的衬托下逶迤而出，长发飘飘，胸突腰细，从台下看，个个是十足的“美人胚子”。“她”们举手投足、一颦一笑，处处尽显女性魅力。望着“人妖”满是脂粉的笑脸，总感觉他们笑容的背后有很多莫名的东西。

据说“人妖”多是在七八岁，还是面目清秀的男孩时，因为各种原因被送进“人妖”学校进行培训。他们吃大量激素类药物，让身体的男性特征萎缩，再上手术台进行性器官摘除或者改变，这才完成性别上的彻底蜕变。成年后，他们才有可能站在舞台上妖娆展现。

看他们表演，不知道用什么样的目光去审视才好。这是一种什么样的人生啊，从一开始就像用生命经营一个多半会赔本的生意，在培养一个玩偶，在执行着一种阴谋。他们中又有多少是真正因为性取向问题，需要治疗而进行变性手术的？又有多少人是自愿踏足非人般的声色场所？很多“人妖”演出时，旁边是累累如山的、雕龙画凤的看场子的人。

一个功成名就的“人妖”大概需要花20年左右的时间才能“羽化成仙”，选择了这条不归路，不仅要承受身体折磨，还要承受心灵拷问。从这点看，对待他们的眼光应该宽容些。尽管拖地的鱼尾裙难以掩盖他们腰窄肩宽的男性身躯特点；尽管绵绵的情歌、轻柔的舞姿难以掩饰他们大手大脚的生硬步伐；尽管绚丽耀眼的项链难以遮住他们颈部明显的喉结；尽管再怎么成功的变性手术也难以改变男性本来粗重的声音；尽管每场演出都是假唱，他们中的很多人毫无艺术表演功底，只是一个怪异的、性别模糊的人肉皮囊。但出于博爱和悲悯之心，我们该怀着同情之心去欣赏他们，就像欣赏一个雕塑家历经多年打造的作品，虽然不太成功，但却很特别，因为他耗尽了毕生的精力去完成。这时候我更愿意称他们为“红顶艺人”，这样的称呼有一种艺术的感觉，有高尚的味道。

转念想，人的生命很短暂，青春易逝，韶华易改。靠吃青春饭的“人妖”一生又会有多少好时光留在舞台上呢？今天在台上表演的“人妖”中，仅有四五个还算成功“转性”，其他的则很容易让人看出她们粗重的身体和壮实的腰板，艰难地混在队伍里搔首弄姿，这些不成功的“转性人妖”前途又会怎么样呢？

想到导游说过，“人妖”服用激素后会导致股骨头坏死等严重后果，尤其是做过手术之后，健康状况受到很大影响，几乎没有像正常人一样安享晚年的，他们多数会寿命剧减，活到四十多岁已属不易。是什么剥夺了他们享受生命的权利，谁为他们的晚年生活负责呢？

《月亮代表我的心》的主题曲在剧场上空回响，而我知道这些“人妖”，永远不能拥有自己的爱情。因为爱情是要完全付出和开花结果的。而“人妖”的变性手术再成功也只是勉强能完成性生活，却不能生儿育女。

在震耳欲聋的音乐中，我的心一直往下沉。难道不是猎奇心理驱使我坐在这里吗？冷漠的观看者和几千年前罗马人观看角斗士之间血腥厮杀的贵族又有什么区别？在世界的某个角落，文明一直在后退。难道不是这些人坦然地坐在这里，以一种畸形的审美需求导致“人妖”的盛行吗？我们难道不是这场蹩脚演出的始作俑者吗？简直是一个个高级“杀手”，以探究文化的名义“杀了人”却“嫁祸于人”，摆出一副无辜的样子。

我手里拿着用 140 元人民币买的票，在惭愧和内疚中，如坐针毡，终于冲出拥挤的人群向场外走去。剧场门口，一个神情怪异的变性人呆滞地坐在地上独自流泪。

表演结束后，导游极力鼓励我们花 20 泰铢与“人妖”合影，算是为“人妖”奉献爱心。随后，导游又讲了“人妖”生活的种种不幸，博得我们的同情。我不喜欢照相的老套方式，近距离聊聊倒是可以。于是我选了一个比较娇小的付了 20 泰铢，可“她”却在接过钱后，很热情地亲了我一下，摆了几个 Pose，看我没有照相之意，就转身忙着招呼下一个客人了，而“她”

沙哑的男性声音一下子让我了无兴趣。

在返程途中，导游告诉了我一个秘密，现在的人妖变性整形手术水平已经获得很大提高，原来用硅胶填充的胸部，已经改为更安全、造价更低的生理盐水注射。啊？！我的头脑立刻反映出中国市场上卫生防疫部门都在打击的注水猪肉，有点不舒服。可对“人妖”们是个令人欣喜的事情，毕竟下降了10万元人民币的手术费，尤其是那些借钱手术、术后还要还债的贫穷“人妖”。而随着手术费用的降低和医疗水平的提高，让人又不无担心，会不会使更多男人蠢蠢欲动，加入这一身心受到改装变异的特殊人群行列？

我猜想，“人妖”的日常生活一定会面对很多的压力，一定受到很多拘束，特殊的性别也一定让他们受尽了生活的苦，生活中一些尴尬的问题一定也不少。据说，“人妖”去卫生间要视当天的服饰而定，像哪种性别就去哪种卫生间，但无论去哪种，都遭到非议甚至谩骂。在泰国，我不知道这些“人妖”的居住证明中，“性别”一栏要怎么填写。也许，他们不做变性手术，还要写上“男”。随着时间的推移，如果泰国政府对这种“特色旅游”不加以管理和限制的话，“人妖”泛滥，相信会引发更为严重的社会问题。因为在泰国6000余万的人口中就有10多万的“人妖”生活其中，这数字虽然比例不大，但也是一个不可忽视的人群了，1/600啊！

在泰国的日子里，我常怀着质疑的态度猜测每一个从我身边走过的有姿色的女子，不由自主地猜测她们的性别，就像在韩国旅游，总是关注美女的鼻子是否整形。在欣赏美女之前，首先目测“验明正身”，举手投足有无破绽，唯恐以假乱真，让我浪费感情，大失所望。

在泰国，你会对自己的判断能力产生怀疑，因为很多事情真的像个漂亮的“人妖”，你不好确认“她”是真还是假。在泰国，什么事情不是只有真伪、是非、美丑，还有介乎它们之间的模糊状态。对于喜欢明辨是非、爱憎分明的人而言，这是一种苦恼和纠结。好在，我的泰国之行时间不长，即日就要离开。

泰国行之二

凤凰花开

一

椰林掩映的热带景色风光旖旎，金碧辉煌的佛塔高耸尖立，无处不有的石雕壁画历史厚重，欢乐激情的泼水节全民狂欢，泰国不愧素有“白象王国”的美誉。也许是因为信仰小乘佛教的缘故，与信仰大乘佛教的印度人相比，泰国人讲究自度修行，所以为人谦和友好，严谨有礼，乐天知命，游客在这里有安适之感。

当然也有许多闻名于世的“怪现象”吸引“偏好独特”的人来到这里。泰国是个开放的国度，有着勤劳的子民。街头四处是熙熙攘攘忙碌不堪的人群，密密麻麻紧张穿行的摩托，但总有一些奇怪的事情说不清或者无须说清。如果你去泰国最开放的旅游胜地——芭提雅旅游回来，对泰国的情感就会有些复杂。霓虹闪烁的红灯区，浓妆艳抹的人妖，紧追不舍的皮条客，身穿海军衫的女招待，光怪陆离的成人性表演，各色人种的狎妓者，灯红酒绿的花花世界怎一个“热闹”了得，种种现象预示着芭提雅的色情业堪称“发达”。毫不夸张地说，芭提雅名声在外，靠的就是“色情”二

字，在这里卖淫嫖娼都是合理合法的。怪不得临来前，同行女朋友的老公不怀好意地说：“泰国是男人的天堂，不适合你们女人去的。”

我赞同儒家“克己复礼”的思想，但并不支持“存天理灭人欲”的性禁锢，可我不敢苟同无限制的“性开放”和“性自由”。

在泰国旅游，你要首先学会适应导游的“色”字当头。

刚出机场，泰国的地接华人导游和我们开了一个轻佻的玩笑。刚一见面就这么随便，让我们这些平时在国内作风严谨的“上班女性”多少有些不适应。哪想这只是见面礼而已，随后几天的泰国行，导游在讲解的内容中随意添加黄色段子，大讲荤笑话。或许这是导游们带团的套路，在泰国6天的时间里，每天涉黄内容的程度逐渐加大，内容在不断加深，范围在不断扩大，最后带你去红灯区直接感受。想来“涉黄旅游”大概是泰国旅游的一大特色招牌吧。

不过这一特色让我接受有点难度，从下飞机就像个走失在森林里的孩子，直到最后一天还没找到回家的路。

在泰国，当地旅行社都是零团费带团。导游引导游客消费是很自然的事，我们在导游的一再诱导下走进了一个又一个色情表演场所，说是为他凑返点的人数。第一天去看“人妖”表演，导游叮嘱：“千万不要摸‘人妖’的身体，否则被敲诈，后悔一辈子。”而到最后一天，去豪华游轮看“人妖”夜场表演，导游估计我们对泰国的旅游特色多少有些了解，开导说：“千万别错过摸‘人妖’的乳房，否则你要后悔一辈子。”你看看，这些游客简直彻底被牵着鼻子走，到底怎么做不后悔一辈子呢？

我起初不敢赤裸裸地去看那些名字听起来直白的性表演，满脸通红，如坐针毡，总是抽空溜出去。可600多人的演出场地人满为患，实在难以挪动，易进难出，惊扰看客还招来不少白眼，好像在鄙夷地说：“装什么正经。”如此低级下流的节目很多看客很受用。500平方米的场子拥挤不堪，循环演出，鱼贯而入，有专门负责安排座位的服务生，他们用手中的高光探照灯，帮你见缝插针，也有满身文着青龙猛虎的人维持场内秩序，能挤出去是件不易的事，我闭着眼睛在那里煎熬。

看最后一场时，我实在忍无可忍了。一阵扭捏生姿的演出后，一个年纪轻轻的“人妖”径自走到我的面前，用兰花指和媚眼勾引我和他拍照，他为的是 20 泰铢的小费。小“人妖”非常主动，他居然主动把我的手拽过来，大方地放在他的“酥胸”上，大幅度地揉动。我被这突然的举动吓呆了，想把手抽回来，无奈他的手比我更有力。

按照导游的话：“不摸白不摸。”可是这“人妖”的行为如此主动热情，让人无回旋余地。皮球样丰满的乳房像充实的水袋儿，沉甸甸，弹性极强，但怎么都觉得不真实。回到车上，同行的游伴说，船头有个游客抓得太用力，把一个“人妖”的乳房给弄破了。虽然乳房都是盐水充注，但“人妖”疼得直在地上打滚儿。中国游客胆子可真大。在泰国，人性中卑劣的部分开始显现，如魔鬼从地狱之门跳出，开始“行凶作恶”。

看一丝不挂的色情表演，在中国是严禁的。但在泰国，却可以售票公演，据说这些行业是泰国向政府纳税的主流，是国家重要的税收来源，能不兴旺吗？因此，在芭提雅的大街小巷，到处都有霓虹闪烁的声色场所，身穿各色比基尼、头戴兔耳朵的小太妹，在门口招揽生意，像是夜间出洞的小妖。

二

说到泰国的色情业尤以芭提雅为甚，这与芭提雅特殊的地理位置和历史渊源有关。但我却觉得生活在芭提雅的人，丧失了人性中的勤勉和自律，像没有魂魄的人，乱瘫在城市的各个角落，没有明天，没有未来，有的只是享受、挥霍、沦丧和金钱交易。

走在芭提雅街上的人毫无血色，眼神没有光泽。为了谋生，当地人免不得要操劳，但他们所从事的却是一个没有希望的行业，从事越久越没生路。倒是那些金发碧眼的西方人，高大威猛地走在街上，精神气十足地打

量着每一个女性，像搜捕猎物的鹰，抑或看到身材彪悍、头戴围巾的阿拉伯男人搂着一个矮小瘦弱的“泰国女童”穿行而过，这些都是常见的“景观”，毋庸称奇。

在美越战争时期，芭提雅只是一个小渔村，作为美国后勤部队的给养地，这里曾有很多美国大兵常驻。贫穷的泰国人发现，泰国小妹很容易赚钱，只要给他们服务好，就会有源源不断的财路。越战结束后，很多外国的越战老兵仍眷恋芭提雅的生活，带着朋友亲戚再次返回这块自由天地，就这样，聚的人越来越多，名声也越来越大。

在芭提雅，被泰国人称为“三租部落”的西方人比比皆是。租个靠海边的房子、租辆摩托车、租个本地的小太妹，过起了“幸福”的夫妻生活。这种临时建起的家，在芭提雅随处可见。走在街道、海边、酒店、餐厅……经常看到威猛的欧美男性领着身材娇小、面容黑瘦的泰国女子，不以为然地在街上招摇而过。泰国女子弱小的身躯就像个无依靠的、没有安全感的、营养不良的孩子。强烈的对比，往往让人产生各种猜测和疑惑：语言不通，年龄差异大，身材又如此落差，怎么交流呢？他们紧紧相牵的两手意味什么呢？

一个普通的欧美男人，据说靠微薄的退休金，哪怕是政府的低额救济，到芭提雅一样可以过上物质充裕的生活，在泰国过上天堂般的日子。因为芭提雅的物价非常低，1 美元约合 40 泰铢，美元在泰国消费简直太划算。

在旅游线路上，芭提雅有个景点叫作美军红灯区。初来乍到的我不知道这是芭提雅最热闹、最繁华的色情场所。导游说这里的门票很贵，但他带着不花钱，还可以感受资本主义的生活方式，不是挺好吗？我们尾随导游来到被西方人称为“极乐世界”的地方。在灯红酒绿的嘈杂声中，我刚走几步，就感觉心跳过速，这哪里是我们这种“无风情”的人该来的地方啊！简直是受罪。

所谓的美军红灯区，其实只是一条步行街，可它与普通的步行街却不一样。街道的两旁尽是霓虹灯闪烁的酒吧，前台一般是露天的，后面有包房。酒吧的名字大多很好听：单身人俱乐部、海边情侣露营、爱情海乐园、浪漫相约酒吧……门口多有十五六岁的男孩、女孩举着广告牌和价格表招揽生意。他们着清一色的白衫，在霓虹灯下特别显眼。酒吧招待女郎袒胸露背，眼神大胆地捕捉每一个从身边走过的异性，像个谨慎的猎人，怕一疏忽，放走到手的猎物。每个酒吧的生意似乎都很好，坐满消遣寂寞的外国人、外地人、本地人，有的与身边的女郎调笑，有的与同伴豪饮，有的用不安的眼神四处张望，有的和已经看好的女子讨价还价，有的漫不经心地等着有人主动上钩，有的已经相约走向另一个目的地……

我自知不属于这里，情不自禁地加快步伐。一慌张，迎面撞上一位阿拉伯男子。他包着头巾，我连声说“SORRY”，对方却以为我有什么企图，仔细地打量一番，像是在估算某种商品的价格。我狠狠地瞪了他一眼。

中国有句古话，食色性也。建立在真感情基础上的两情相悦是不容厚非的人间美事。中国人的性观念不断地更新开放，但性泛滥、性乱交、性无度等过激的性行为还是为国人所不耻。

不到十分钟，我就从美军红灯区的南头走到北头，匆匆赶回宾馆。宾馆不是临街的普通标间，而是拥有游泳池的豪华别墅。夜色中林间小道幽静清爽，几棵树冠巨大的树开满红色的花，将别墅轻拢怀中。一只只松鼠跳过，瞬间消失在树丛中。洗过热水澡，我舒服地躺在床上，想淋漓酣睡一场，却怎么也睡不着。轰鸣震耳的音乐始终不绝于耳，感觉整个芭提雅在嘈杂混乱的音乐声中被震得轰然倒塌，灯红酒绿的生活幻影般不断在眼前晃动，屏蔽不得。整个人像这座纸醉金迷的城市没了风骨，没了灵魂。

三

早听说泰国是个生产海洛因的国家，它位于走私毒品盛行的“金三角”腹地。我一到泰国就急于向导游询问有关罂粟的问题，到哪里可以看成片好看的罂粟花？导游说，目前毒品走私已被政府有效控制，泰国很少看到

成片的罂粟种植地，要是真想看的话，得要到山区的高坡，很危险的，不小心会被偷种者当作戒毒搜查队员杀害。

我一直想亲眼看看这种奇异的花。罂粟花真的如书中描绘得那般美丽吗？而美丽的东西往往有着漂亮的外衣，但却暗藏杀机，不易防备。罂粟开出一片片绚烂的花，结出一颗颗罪恶的果。它的毒性打着美丽的旗号，让你防不胜防，在享受中缴械投降。据说罂粟在蒴果未熟时，将其割裂取出乳汁，使它凝固在果壳上，可以制成鸦片。鸦片给吸食者带来快感，且越陷越深，直至死亡。原来美丽也是杀手，享受可直取性命。

可是，黄毒和罂粟有什么大的区别吗？以美的名义，以纵欲的方式，打开了潘多拉的盒子。

在芭提雅漫长的一夜，我始终游荡在黑暗的梦魇，灵魂脱离了肉体，留下一个空空的躯壳四处游走，没有边际。

晨曦的舒朗和明丽让灵魂重新附体。清脆的鸟鸣像是天籁之音，召唤、引领来一个清新的世界。

遥看如万朵祥云东来，近看如千只飞凤栖枝。鸟鸣声从一棵树冠上传来。原来是昨晚驻足关注的那些树冠，耀眼的红花成片恣意绽放。传统的红与绿搭配在一起，竟是这般大胆绚丽，像是中国传统的杨柳青年画，细腻中带着团圆喜庆；又像是新人床上的大红锦缎，夸张中带着和美，大俗大雅间透着贵气与祥和。我站在浓密的树冠下，空气中有熟悉的青草味，气沉丹田，深呼吸，来一次彻底的吐故纳新。在即将离开芭提雅的清晨，心情因一株满树红花的植物而明亮起来。

导游告诉我，那株树的名字叫凤凰树，开的花叫凤凰花。多么吉祥的名字啊！据说泰国第一棵凤凰树是首批华侨带过来的。他们将其种在门前，安家祈福，更深的意义是提醒身在异国他乡的同胞，不要忘本，不要忘记老祖宗的传统。

导游小黄是个帅气能干的小伙子，正宗第三代华侨移民。爷爷那一代来泰国时，多住在湄南河畔简陋潮湿的高脚屋，划艘破烂的木船，沿河两岸兜售中国带来的稀罕物，当时叫作“水上人家”。在当地人的歧视和凌辱中艰难谋生，他们只有付出更多的辛劳才能在此落地生根。经过三代人的努力，华人最终融入当地生活，在泰国经济和政治生活中享有一定的地位。据查，泰国五大金融财团中有四个是华人财团，历史上多任总统是华人后裔。他们像一朵朵让人振飞的凤凰花，在异国他乡生根发芽，从容绽放。

勤劳的泰国农民一年四季耕种水稻，一茬又一茬，丰收的稻米滋养了本土人民也飘香到世界各地。湄公河口的船只穿梭不停，泰国的码头工人争分夺秒把进出口的货物运往四面八方。田间、夜市、大街小巷……到处是泰国人吃苦耐劳的身影。卖花的姑娘、骑行的车夫、站岗的士兵、讲解的导游……哪里都有泰国人务实诚恳的笑容。一个随处可见的米粉店，一个沿街可见的茶水摊，他们都用心经营。这些都是开放在民间的凤凰花啊！

在返回机场的路上，沿路两旁竟是一丛丛的凤凰花从窗外闪过。浓烈的红色花朵鲜艳又醒目，像温暖的阳光和我撞个满怀，让疲惫的游人眼前一亮，为之一振。多么有生命力的植物啊！

毫无收敛地贪恋性欲，毫无节制地沉迷于声色，或许是另一种“恶”之罂粟花。它在“恶”的温床上畸形生长，在根部一点点腐烂。如果色情业也能富国安邦，那是天方夜谭。艾滋病蔓延，人口素质降低，精神颓废，斗志丧失……没有什么比这更加可怕了。

罂粟花和凤凰花同样摄人心魄。一个蒴果高挑，茎株亭亭，花若五彩之云；一个枝叶茂盛，根系发达，花若丹凤之霞。一个像狐媚的妖姬，蛊惑人心，祸乱天下；一个像独行的处子，壮志在心，勇闯天涯。泰国的四月正是罂粟花落、凤凰花艳的时刻，真希望凤凰花开遍泰国的每个角落。

家乡之行一

寻踪桃林口

一

桃林口村，一个听来颇具诗意的名字，让人想到美妍绚烂的桃花。古人常以“桃之夭夭，灼灼其华”“人面桃花相映红”“施朱施粉色俱好”等美好的诗句吟诵桃花，以此明高志寄雅情。据说，桃林口村的命名与村子周围漫山遍野开满的桃花有关。据此，明代修建长城的工匠为此地长城关口起了个好听的名字“桃林口关”。冰冷的军事防御建筑从此有了温情的色彩，也演绎了段段难以割舍的悲喜情怀。如今的桃林口村正在历史和未来的交替中，守着古老的长城，焕发新的容颜。

清风晓月河水如美人珠玉，修山朗日长城似蛟龙健脊。桃林口村位于青龙河畔，长城脚下，自然景观堪称一绝。桃林口村的村民大多为明代长城守卫者和建筑者的后裔。600多年前的某一重大时刻，天空阴霾或者晴朗，明朝大将徐达作出重大决定，下令驻守长城的将领在此屯田守业。这个选择不知对统治者意味着什么，但对颠沛流离的军旅们，意味着以后居有定所。自此，他们的后裔世世代代生活在这样一个诗意苍劲的自然环境里。

“桃林口村”，一个既阳刚又阴柔，既悲悯又豪迈，既旷达又长情的地方。

世上恐怕没有几个村庄像桃林口村一样，在 600 多年历史的长河中，既可幸运地栖居山水美景，又可守望长城巨人。自然与人文的交融和谐，是上天赐予桃林口村的巨大财富，无论曼妙的婀娜还是矫健的坚毅，都是历史慷慨的给予。这两种既交汇又独立的情愫，是流淌在桃林口村生命中最鲜活的血液，最强的声音。桃乡吐蕊，穿越历史，气势如虹，而苦难却在历史的某一个时刻痛苦地席卷而来，因愚蠢和无知导致的罹难，曾让美丽的长城之乡千疮百孔。

二

犹记得，在著名古建筑研究与保护泰斗罗哲文家中采访的情景。古稀之年的老人提到目前长城破坏程度之严重时，眼圈潮湿，瞬即潸然泪下。他说：“中国的万里长城已经湮灭三分之一了。”他还举了几个让我震惊的例子：山西省左云县的农民为了合并两个砖瓦厂草率地将阻碍他们施工的 60 多米长城连夜推倒。大同市得胜堡长城附近的居民，还有将死者埋入长城城墙土葬的恶习。张家口地区的某地农民靠碾碎长城的石料铺设路基。更让罗老无法容忍的是他曾到过一个村庄，几乎家家都用上百年历史的长城砖盖猪圈、鸡舍、厕所、院墙。看了这些，让他揪心地痛。

我不知道老人为什么没有告诉我当年让他忍无可忍的村庄在哪里，我想他当时是知道它的具体名字和位置的——那就是我的家乡秦皇岛市卢龙县桃林口村，一个让老人感到痛心的村庄。

我置身于桃林口村，397 户中曾有 300 户农家的房舍是用长城砖修建而成。我不禁哑然失语。这就是罗老当初提到的，令他“义愤填膺”的村庄。当你一步步地走近它，赫然眼前的一幕幕让你的内心不禁寒战。

这就是村民对待长城的态度吗？他们不屑一顾，丝毫不予理睬，古迹遗址远不如结实的墙头来得实惠，眼望文明遗址的践踏，你的喉咙干哽，

近观祖宗留下的文化遗产遭此破坏，你的心要跳出来。我终能体会到当时罗老心中的刺痛有多深，他的泪为何浸润眼眶。有人说，长城砖假若流入黑市，每块能卖 80 美元左右，随便找一家农宅，粗略一算，用它建成的民宅约值 700 多万元人民币，而我认为这是无法统计的，就像心痛是无法衡量的一样。

建筑是一部静止的音乐。果戈理说："当歌曲和传说已经缄默的时候，而它还在说话。"只可惜，伟大的演奏在无知和愚昧的主宰下戛然而止。一条曾经蜿蜒腾飞的巨龙突然搁浅在沙滩，风华俱损，音貌全无。目光所及之处，坍塌破损的长城赤裸着身躯，毫不设防地袒露在众目睽睽之下，淋漓在风雨之中，像个无助的孤儿又像个羸弱的老人，孤苦地苟活、委屈地求全。

在长城砖修葺的村中，我伫立许久，我没有伸手去抚摸它苍老脆弱的躯体，怕这怜爱的举动终变成一次不可挽回的冒犯和伤害。

三

有"东方水乡"之称的苏州，在城市规划发展历史上曾经犯过一个重大的错误，曾填平古城的河道以适应城市的发展，结果古城改造失败，也使"东方水乡"之称徒有虚名。后来，政府调整发展策略，在古城之外开发新城区获得成功。知错就改，亡羊补牢，未为晚矣。

其实，身为长城军户的后代，桃林口村人只是在 1977 年才犯下了一个重大的错误。村民以为修建滚水坝后，部分长城会淹没于水下，遂开始了之后的"废物利用""就地取材"。而今天，他们终于知道了自己的鲁莽之举给长城保护所带来的伤害，他们也要和苏州人一样，知错就改，放弃短浅目光，多为子孙后代着想，让古迹更长久。

还记得当年采访时，很多专家就如何纠错悔改的大讨论仍在耳畔回旋。从技术上讲，将拆掉的长城砖补修到母体上"完璧归赵"并不难，但拆了重修的长城是否还能“破镜重圆”、风采依然呢？保护长城的最终目的难道就是简单的“昨日重现”吗？当年激烈的讨论最终得到了一个结果，经过专家的认可和国家有关部门的批准，最后决定：保留现有“惨象”，让不光彩的过去活生生地展现在来访者面前，在刺痛与触动中共同自省与反思。这也是为什么你今天去“世界上最昂贵的村庄”，还能看到他的痛苦与哀楚表情的原因。

旅行是看尽山清水秀，也是感受名胜古迹的忧患与重生。

四

今天的桃林口村以长城为背景，以历史的思考为启迪，再次吸引着世人的目光。向前可回味长城文化的古今遐思，向后可以寄情山水田园的喜乐安适。村南头的青龙河，水波荡漾，在山水的浸润下，一切舒展轻松下来。

斜风雨细苇芦弯，
浓雾云白山碧远。
龙潟鹤翔鸣翠微，
草疏水清鱼翔浅。

泛舟溯源 3 公里，青山湿地相对出。看水下清幽的水草，想起徐志摩的诗：“寻梦？撑一支长篙，向青草更青处漫溯”“在康河的柔波里，我甘心做一条水草”。

摆渡的大姐憨直可爱，操着生硬的普通话告诉我们，河对岸还有狼窝洞、白马洞等稀罕景致，如果时间来不及，就先去前面参观千层石浪和千卷诗书，有余下的时间再去不迟。忽想起《桃花源记》里面的武陵渔郎，大概就是像我们这群偶入其中的文人，寻寻觅觅，发现了怡然自得的桃花仙境。南宋有个大诗人对桃花源向往之时，又发出惶恐：“飞花莫遣随流水，怕有渔郎来问津。”我想美景本是为安飨世人，又何必像“小国寡民”

般对其做出封闭无为的惺态呢？

沉默的残垣灰砖，纯净的山水美景，静谧的乡村夜晚，地道的乡野土菜，热乎的长席土炕，恭俭的家训民风…… 倾国又倾城、遗世而独立的桃林口村，历经岁月的洗礼，正在悄然改变，吸引八方游客纷纷踏至。

一个被历史遗忘和记起的村庄，一个以耻辱和明丽吸引你的村落，一个兼具骨脉和柔情的地方，它像隐逸于深巷的好酒，香气还是弥漫开来。

文学大师张潮曾在《幽梦影》中提到：“游玩山水，亦复有缘；苟机缘未至，则虽近在数十里，亦无暇到也。”桃林口的山水也是有情物，看惯尘世的岁短流长，我倒期待着与它的地老天荒了。

家乡之行二

桃园春晓

春风又吹暖林梢，春雨打湿了发角，田野的花应着节气绽放枝头。已是暮春，梨花已开过，街市里的桃花也开罢。“人间四月芳菲尽，山寺桃花始盛开”，不知山里是否追寻得到桃花的芳踪。据说，长寿山脚下的山窝里有片桃花园，别有一番景色。

寻着一条溪水旁的小路，驱车十几公里，来到了长寿山的山窝深处。宅院越来越稀少的路两旁忽现一间典型的北方老宅，坐落在水穷处。干净宽敞的院落被低矮的土墙径自圈隔起来，一字排开的七间大瓦房有一个可观的房顶平台，可以晾晒农作物。两头威武的石狮左右蹲守在门口，门虚掩着，半推半就的样子。门口堆放着闲置的农具和井然有序的柴草。一条看家护院的狗发出阵阵的狂吠，呵斥着我们这些不速之客。同伴从包里丢出火腿肠暂时缓解了狗的骚动。

“有人吗？”我在狗儿沉迷于食物的间隙大胆地询问起来。

“谁呀？”一个年迈老者的声音从后院传来，却不见人影。半天才见一个老人倚后堂屋的门站立着。他七十多岁的样子，微驼着背，戴着一顶麻制的帽子，帽檐儿压得很低，深色眼镜架在鼻梁上，好像一不小心就要滑落下来。老人知道我们的来意后，兴奋和喜悦从他加快的脚步和微颤的唇角显现出来。他欢迎我们进入后院去看看。

我们从桃花园的地东头走到西头，老人一直戴着一副眼镜。难道他是位盲人吗？当我从他身边走过的时候，看见了老人干瘪空洞的眼窝。他是位失明的老人，却要带我们去看桃花。

“花都在后院开着呢，你们来得正是时候，它们开得正旺呢！”老人邀请我们穿过堂屋，看我们都进来后，转过身推开后门。他好像拉开了一个帷幕，一个粉色花瓣雨的故事正在演出。从高高的土坡向下望，好一片繁花似锦的世界。整个桃林遍布在山脚下，一棵接着一棵，开得如火如荼。目光所及之处，无不是开朗明丽，无不是芳姿灼灼，锦云烂漫。穿行其中，如若置身无人之境。顺势从地上拾起两朵插入发间，整个人顿时有了生气。徜徉在花丛中，似乎年轻了几岁，青春年少的浪漫情怀仿佛又充溢在心中。

“放心吧，老大爷，我们不会破坏您的桃树的。”我们看着老人不安的样子，索性回到地头和老人聊起天。不等人问，老人不由自主地就打开了他的话匣子。

“我和老伴儿一起伺候这些桃树已有 20 多年，精心着哩。眼前这些桃树，贡献大着呢。现在儿女们都有出息，先前我们一家老小的生活就指望这些树了。”老人说着，把腰板又向上挺了挺，功成名就的样子，用拄杖指着桃园，向我们介绍他的宝贝，为他的桃园摆功。

“我老伴叫春桃，不光名字里有桃还和这片桃花有缘呢。她是后嫁到我们家的。她从娘家背来了桃树苗，栽下这些桃树，日日浇水施肥。在她日夜精心的侍弄下，桃树一天天长大，每年都结很多的果，靠它们我们度过了很多困难时期。村里的男人都嫉妒我娶了个好老婆，虽说她是继母，对孩子们可够好。”老人一边抬头看着这片心爱的桃园，一边慢声慢语地回忆着老伴的好。

“她死后，就按她的要求把骨灰分别撒在每棵桃树下，她说骨灰是最好的肥料，花开得会更艳，果会更满，我们吃上会更甜。”老人并不理会我们的反应，像是对着桃花园径自倾诉。

“我每天都要在这坐上半晌，看看这些花，陪陪我老伴儿。它们什么时候发的第一颗芽儿，什么时候开的第一朵花，哪只蜜蜂帮它们授的粉，什么时候开始结第一粒果，什么时候需要杀虫施肥，我都清楚着哩！”老人说完，黝黑的脸上泛起满足和自信的笑容。

“啪！”一位同行的伙伴毛手毛脚地刮折了西垄头上一株惹眼的桃枝，老人顺着声音来临的方向呵斥道：“住手！别伤傻丫儿的胳膊！”老人的身体向外扭了扭，头很小幅度地冲着声音的方向歪了一下。我再次看到他眼部肌肉抽动了几下，眼睛仍是干瘪的。

“那棵桃树叫傻丫儿，连着几年结的果子最多最大，今年本想让它歇歇，可它又开了这么多花。你可不许碰它，要折你就折挨着她的那棵，她叫胖丫儿，就属她胳膊长枝儿长得快，总想侵占别人的领地，就是结果少。儿子要砍了它，我没让，今年我好好伺候伺候它，让它也效效力，给儿子好好表现表现……”老人像在评价自己的孩子，奖惩分明，有数落，有心疼，有宠爱。对花像对孩子一样亲，能被爱到这个份儿上，就算“傻丫儿”结了满树的果子，最终累死也值。

老人见我们有了离意，站起身，一手拄着杖另一只手摸索着墙，起身送别。

回去的路上，我想起《醒世恒言》里有个老人叫“灌园叟”，嗜花如命，花开则喜，花落则悲。雨后要“葬花”，风后要“浴花”，灾后要“医花”，花后要“涕花”，果后要“祭花”。每读此处，我都觉得“灌园叟”是个奇人。但“灌园叟”始终把花当作一种痴爱的植物，今见老伯尤甚之，我们赏花只是附庸风雅、应情应景而已，而老伯“眼”里的桃花已是他生命的一部分，不仅入了他的“眼”，更入了他的心。无论何时，都是春色满园。

第五章　流　　年

当远方依旧遥不可及
幸好　有你
我不再独游　浪里波里
当诗意已随风飘散
幸好　有你
我不再独吟　青青子衿

白 塔 岭

——怀念匆匆岁月

一

白塔岭是秦皇岛市西郊一个村庄的名字。在我的家乡，河流众多，临海而居的村落不在少数。白塔岭离海很近，离海岸线两三公里后海拔陡升，形成一个近海高坡。它的得名与塔有关，传说曾有一座白塔立于村中，是远近乡亲们心中的图腾，人们围着它拜佛烧香，祈祷出海捕鱼的人儿早日安全回返。或许是白塔保佑，村子一片安详，鲜有战乱；民风淳朴敦厚，谦恭礼让。但历经风雨残蚀，岁月冲刷，白塔至今已无迹可循，白塔岭存也发生了巨大的变化。

白塔岭因为在城市的最西边，90 年代最早的公交车 34 路开到那里再往西行，就算出市区，那里是名副其实的城乡结合部。没在那一带工作以前，我很少去，去一次权当郊游。白塔岭村果树环绕、渔船众多，世世代代以种桃、捕鱼为生，是当地比较富庶的地方。

第一天去单位报到，发现工作场所位于白塔岭村近海的果园旁。十月的桃树林叶子已经掉光。本地特有的品种“久保”桃早已下树，果实甜脆

硬朗，易于保存，颇受本地人欢迎。或许因为记忆里泛着阵阵桃香，我毫不犹豫地选择留下来在那里工作。

那时的白塔岭除了这片安静的桃林，整个村庄正处于秦皇岛市开发区建设的热点地带，每天都在大拆大建的变化中。一片片低矮的平房与机器轰隆的工地交叉相错。动土的工程、待开发的项目纷纷云集白塔岭村。白塔岭村离开发区的辖区中心不远，正在成长为一个新的工业生产地带。纷纷建起的高楼或租或售，给那些急着在开发区寻址落脚的商家尤其是外商提供了良机。阳光大厦、浪淘沙宾馆、发展大厦还有一些名字更换较快的写字楼……这一切都在昭示着白塔岭村正在改头换面，重新示人。

春风吹拂着招商引资的浪潮，春雨冲刷着建设开发区的热浪，投资建厂的喜悦覆盖了冬雪下曾经的过往。如火如荼的建设狂潮唤醒了宝贵的土地、唤醒了沉睡的村庄。村民的眼界扩大了，欲望膨胀了，白塔岭村在不断扩张的工厂挤压下变得越来越小。

90年代初，附近的燕山大学、东北大学秦皇岛分校、煤炭工业学校（如今的河北科技师范学院）、财经学校的毕业生多有留在那里实现青春梦想的。我最初是学外经外贸专业的，适合做一名外销员。于是顺理成章地加入了位于白塔岭的一个合资企业。尽管对于秦皇岛这个小城市而言，上班有点远，从家到单位将近十公里的路程，每天要骑一个多小时的自行车，但是，我愿为自己的最初理想付出努力。

作为主要负责出口日本订单的外销员，时常要跟日本客户打交道。日本人的谨慎细致，甚至是苛求让我常有不适之感。按照流程，一名外销员接单后，把任务下给生产部门，生产部门按照要求完成样本制作。一边是一点点的失误和缺失会让日本人摇掉脑袋，另一边是工人漫不经心的疏忽和轻视让你无从下手。因此，很多单子执行起来非常不易。两边受气、两边堵漏何其难也。外销员要常出差，常说“好”话，常要承担客户毁单、撤单的风险。刚出校园、毫无经验的我唯恐丢失单子，或发生索赔事件给单位带来损失，只有加倍努力。为了能听懂两个日本客户私下里议论公司的谈话，业余时间我把日语偷偷捡起。在工作热情的极大鼓舞下，日子过得劳顿又充实。也因小有业绩，常得到公司女老总的额外奖赏，但总觉得受之有愧，过于嘉奖。

20多里地的上班路程，从城市的最东头东港路，沿河北大街一路向西，一路骑行穿越整个秦皇岛海港区，每天在和城市的新景象行注目礼。

上班途中，最美的就是经过白塔岭村的那片桃园。每天经过那里都要放慢节奏。享受桃林四季景色的变化带来的愉悦。春天，花香四溢，蝶舞纷飞，桃园成了一路上的期盼和念想；夏季，果实可口，桃子已熟。桃园成了多有逗留的场所。我甚至把自行车停在路边，提着篮子，到果园里摘桃去。有时，粘满毛茸茸桃毛的手还热心地替农户招揽生意，称重、打包、找零钱，忙得不亦乐乎。

随着白塔岭开发土地规模的扩大，桃园的面积在不断缩小，甚至快成了一片就要被淹没的水中孤岛，高楼拔地而起，花瓣日渐凋零，水泥搅拌机的轰鸣掩盖了花开的声音。眼看着桃林就要从白塔岭村消失，上班的路途也一天比一天远了。

二

雨是自然界的歌声，那些年的雨水都很大，淅淅沥沥的雨仿佛要从春下到秋。初秋的雨丝透着彻骨的凉意。雨滴洒在白塔岭村南绵延两三百米的海滩上，海面掀起的浪花把迎面赶来的秋雨拥入怀中。岸边戏水的人纷纷寻找遮雨的地方。几十顶度假的帐篷是最好的去处。雨打在棚顶，啪啪作响，节奏鲜明急切。雨水倾泻而来，很快渗入温热的沙子里，瞬间冲没沙滩上的脚印。透过帐篷的窗子，欣赏翻滚的海浪，看着奔跑躲雨的人们。一对伴侣从海中跑向岸边，男子亲昵地搂着女子的腰，从我的帐篷边跑过。我一时间惊呆了，我认出了他们，但没有和他们打招呼。男的是单位某管理部门的主任，女的是他的下属。正如大家讳莫如深的，他们不是夫妻。

关于他们的蜚语流言，在单位早有耳闻，还是不说为妙。

同时听说的还有，单位的某女领导与外商投资人有不正当的男女关系，并有企图以公谋私、转移财产的传言。这些风言风语听说已有证据证实，检察院的人都介入调查了。孰是孰非，真假难辨，但我不相信这是真的。她是那么令人尊敬，同她三次到上海出差，与狡猾的商家谈判，砍价还价，亲眼见识了她的业务能力。她目光敏锐，见解独到，凭着多年的经验果断地终止了一个商家的虚假订单。在单位她公平公正，秉公执法，从不占公家的便宜，况且对我耐心培养并委以重任，传言的事又怎么可能发生在她身上呢？就凭这些，我在检察院来调查的时候实话实说，就算是被表象蒙蔽，暂且让我用青春的血气支撑来一次幼稚的正义吧！好在那一次，她没有受到任何的影响。只是从总部又多调来了两个副总，一个负责生产，一个负责销售，他们都说这样的话，女老总就被架空了，也许是吧，我还看不懂。

那年年底的时候，我收到了一个2000元的红包。二十年前，2000元还是一个可观的数目。当时，我怀着复杂的心情拒绝了那份奖赏，可后来，那位女领导还是以其他名目打入了我的工资。我一直没有花，直到两个月后她离开我们单位，我送了她一套同等价值的饰品，留作纪念，还煽情地说：“秦皇岛的大海敞开怀抱欢迎您再回来！”

可是自从那一走，我们就再也没见过，我依然在单位负责外销工作，单位还在白塔岭滨海路工业区，依然没有搬家。我宝贵的青春时光在那里又度过两年。单位的领导愈发换得频繁，我的烦心事也愈来愈多。

从单位南行200米，就到了临海而建的滨海路。当时的滨海路两旁都是树木草丛，阴凉蔽日。我时常骑着单车绕远从那里回家。车道虽然只有两车道，但鲜有对头车开过。自行车骑行的人也不多，我踽踽独行其中，那是一段安静又悠闲的单骑时光，一路嗅着海的气息、伴着海浪的声音，将无尽的心事埋没在海的苍茫处。那片辽阔的海面承载了太多说不清的青春伤痛和成长焦灼，它们一任清爽的海风吹拂，慢慢平复。

二十年前白塔岭一带的外资企业没有那么正规。我们单位不是纯粹意义上的外商投资企业，而是国内外贸企业的资金境外注册又回流到国内，有着外资的名目，但实际都是国人的钱倒来倒去，享受免税福利。一起做日本客户的订单。虽说公司里没有外籍员工，但在作息时间上，却全按照外企来办，朝九晚五。这样的作息安排在中小城市还不多。五点钟是这座海滨城市去海边游泳的最好时间，太阳刚刚柔和一些，海水晒了一天也正好暖和。我会迫不及待地赶到那里，把自己浸泡在一片温暖的海水里，让它温柔地抱着我，这是我发明的最有效的疗伤方法。

身体浸润在平缓温热的海水里，舒适清爽。游够了，再独自坐在岸边，看白塔岭村的打渔人在余晖中耐心地摘网，盘点一天的收获。

三

90 年代初的白塔岭堪称开发区建设的发源地。很多开发区注册的单位为了节省土地费，选择在区外设厂，白塔岭村离开发区不远，成为很多企业建厂首选。就像我报到的单位，虽然是开发区的外企，却并不在开发区的地盘。因为真正的开发区在白塔岭的后身，而它却在白塔岭的西南。

高大的办公楼、气派的大门、整洁的环境、豪华的装修、统一的着装……让初出校门、前来报到的我看得眼花缭乱，青春热情瞬间被点燃。而那个年龄很容易从形式上看问题。成为那里的一员后，我每天早早地来到单位，换好每天一洗的白衬衣紧身套装，精神气十足，像一只刚出山的小老虎。当时的热情一定感染了周围很多人，包括我自己。今日再也难寻注入鸡血般奋斗的状态，偶尔也会有，但激情燃烧的日子仿佛已成昨日。我想，接近精力十足的状态就是在接近有追求的生活。

当时的大学同学毕业后通过关系进入政府机关或者是事业单位的居多，到企业的微乎其微。普通的家庭背景让我做好了到企业工作的准备。单纯地想通过自己的努力能证明点什么，因此，每天忙得不亦乐乎，像白

塔岭周边工地上日夜忙碌在建的工地，像施工现场轰鸣震耳的搅拌机。我以为，忙碌可以带来踏实，就像陀螺越转越稳定。

就这样，一个短小打扮、瘦弱矮小的女孩子，在京、沪、秦的客户间赶路。拎着沉重的资料挤火车、和车长说好话补卧铺，与国外的合资方中国人讨价还价，好生招待来验货的日本客户……那些自认为的正事占据了我所有的青春时光，也没有正式谈过一次恋爱。偶尔有相宜的男友短暂的接触后就再无音讯。

长期在外出差，每次回到位于白塔岭村的单位，居然找不到一种回家的感觉。不知为什么老是觉得还是在异乡。行李刚放下，说不定紧跟着的是次日的出发，没时间恋爱，更没时间偷懒。有时候，鼓励是让你习惯性地向前走，而且是按照别人设定的路线向前走，无暇关心方向的正误。那些年，我并不懂得这些道理，年年拿到头等奖金的时候，心里总感觉压力无形中随影而来。领导的奖励是信任也是无形的压力，当权力以一种温柔的态度出现，以一种鼓励的姿容呈现的时候，你甚至无法察觉，无法拒绝，只好任性、惯常地向前走。当争取优秀变成习惯，你甚至容不下一个懒散、拖沓、没有行动力和执行力的自己，你无法原谅自己的退缩，那就顺着有人引领的路线往前走吧。

服从权力在那个总经理负责制的单位让你春风得意。为了那些所谓的领导的信任，我的为人准则都在发生动摇。多少年之后，我才明白，工作只是工作，不是生活的全部。生活需要心安理得，需要色彩缤纷。可那个时候，真的是被蒙在鼓里，越陷越深。

我一直怀念那片桃园，怀念那片海，它们被我带来的绚烂和安详至此不再有过。

四

我已离开那家公司很多年，到了一家事业单位工作，终没在那家企业混出个所以然来。我不知道算不算是对初衷的背叛。后来去北戴河海滨经常从白塔岭路过，每次都透过车窗向公司的办公楼旧址张望。服装商场、空调公司、快捷酒店、贷款公司……几经改头换面，它已是面貌全非，难寻往日的踪影。谁能关注到它的变迁呢？可那里却曾经装着我心头最初的梦想和最年轻朴素的日子，还有那些青春必犯的和不必犯的成长错误。

又遇到了原来单位的同事。他们的抱怨盖过了对往日的怀念。他们纷纷责怪公司的不公、不仁甚至不义。我从公司离开没有多长时间，公司就整体搬迁到了外地，而对这些老员工，公司领导层并未做出任何安置。养老险、失业险公司说是交到了政府相关部门，却无据可查。同事们几乎没有领到任何福利待遇。公司已经搬迁，人去楼空，谁又有时间和他们纠缠？官司没有人和他们打，真要是打了，又到哪里找当事人呢？当下糊口要紧，谁家都有老小。我不知道，假如自己留在那里，是否也是同样的结局。

近年来，白塔岭重新涅槃。它的面貌随着体育大发展的春风有了翻天覆地的变化。道路加宽了，桃花园几经翻建，最终变成奥林匹克体育中心、足球比赛中心。2008 年北京奥运会足球预选赛在体育场顺利举行。曾经开满桃花的白塔岭村，在世人面前有了全新的亮相。欢呼声呐喊声响彻体育馆的上空，

这些年白塔岭那些冷冰冰的生产线也在退出视线，开发区再次西迁，很多公司工厂向西挺进。一个名为“海洋 × ×”的大型地产项目一期已经竣工。它将彻底改变白塔岭的面貌。一座接一座的公寓楼房像一个个规整的积木搭建在河北大街西段，在曾经的桃花林对面，但却再也看不到成片的桃花开。白塔岭村再也无迹可寻。

如今桃园不在，从白塔岭通往海边沙滩的土路也被新建的酒店挡住。一个个名字好听的别墅群接连兴建，在海边林立而起。房产商售楼广告各做文章：“打造京东第一大海边花园别墅”“临海仅 20 米的高尚人文社区”“拥有自己私属海滨浴场的避暑花园”……曾经的白塔岭村南边的浴场已被重新布局，一道道小区围墙无情地把海岸线分割开，截断了连贯的海岸

线。它们把一些人排斥在一些风景之外，也把一些人禁锢在风景之内。

白塔岭像个牙病患者，不断接受牙医的矫正，耐心等待自己的唇红齿白，就怕是镶了满口的金牙，是值钱了，也风光了，却怎么看怎么有点不对劲。

我常在心里回忆白塔岭村当初的样子：平房林立，依次有序。桃园临街，栅栏不高。路人随时停下自行车，赏花尝果。路边兜售桃子的村妇围着鲜艳的头巾，在路边把新摘的桃子整齐码好。她身后就是自家的桃园，她时常提着篮子邀请路人自己摘，建议摘挑个大的、红的、没有被雹子打过的。梦中的桃林，蜂蝶飞舞，卖桃人的吆喝声里泛着花香……

现在的白塔岭村已经彻底变成现代城市的一部分，一个个新型改建的小区在那里诞生，白塔岭的历史将又翻开新的一页。而对于我，那些最美好的已远去。

雪　逝

——怀念我的姥爷

窗外的雪花飞洒，娇小柔弱的精灵由天而降，轻击窗子，向姥爷的病房内四下张望。

姥爷原想着在下雪前能出院的，但小雪过后是大雪，姥爷还是未能如愿。今年的雪下得比往年大，两天两夜的雪看不到一点晴天的迹象。姥爷因为糖尿病并发症住院是常有的事，而这一次却非常严重，他已经不能拄着拐杖行走，不能正常呼吸，甚至是再难出院。

姥爷奄奄一息地躺在病床上，声音孱弱，目光迷离。浑身插满各种急救的管子，曾经健壮结实的姥爷因糖尿病的折磨身躯短小佝偻，蜷缩成一团。25 年的糖尿病史已将他的身体折磨到了尽头。视力急剧下降，刀口久治不愈，肾衰竭，呼吸不能自主。特别是末梢神经感觉丧失，他的脚趾甲一碰就掉，血淋淋的肉和白花花的骨裸露在外，用纱布包裹着。十个指甲只剩两个，可怜地强撑到姥爷生命的最后。

弥留之际，姥爷的眼睛时而朝向窗外，时而盯着舅舅的方向，实际他的视力已经丧失，什么也看不清了。姥爷轻声地问："雪还下吗？"姥爷还想着雪停了出院的事呢！他的手一直拉着舅舅，直到他不得不松开。

姥爷住进重症监护室的时候，正是朔风北起、寒潮南下之时，浓重的

云气裹挟着清冷的雪，一连下了好几天。二十天前，姥爷的糖尿病并发症突然加重，舅舅和家人冒着大雪紧急把姥爷送去医院。在舅舅抱着他从楼道单元门出来上车的一刹那，他感到了异样的天气。眼底出血让他已经看不清飞舞的雪花，他用模糊无力的声音问我："是下雪了吗？"当得到肯定的回答后，他有些激动，不顾身体的疼痛，示意我将他的手伸出窗外。我开始不忍心，将他毫无血色的手伸向冰冷的窗外，让大半辈子受苦受难的老人垂暮之年，拖着病弱之躯，再次遭受寒气。他却用衰老执拗的眼神坚持着，让人不可以拒绝。或许那是他自己设计的告别仪式吧，当时我们并不知晓。

风与雪纠缠在一起，娇弱的雪花任凭风的推动和牵拉，扭动着身姿，滑出优美的曲线，一片片轻柔地落在姥爷因虚弱而松弛的手上。我凝视着每一朵轻盈飘落的精灵，看她们瞬间在姥爷的掌心消逝，幻化成一滴晶莹的泪珠，演绎着一个普通精灵的生命衰竭。姥爷的眼睛紧闭，他已经没有力气感受一朵轻飘的雪花了，我轻轻地碰醒他："您不是要再次感受雪花吗？您轻轻握起手，可以感到湿润的啊？"姥爷并不答话，他是累了，想睡了。逝去和别离或许就在此季。

寒冷的冬季是姥爷熟悉的气候，是他一生的气候。东北的鹅毛大雪拦腰深，姥爷从山东领着弟弟奔走在寒冷的逃荒队伍中，求生的勇气和闯关东的豪气铸就了姥爷一生坚毅不屈的性格。深知天寒地冻滋味的姥爷一到下雪的时候就忍不住地要叮嘱姥姥把炉火烧旺。在家的时候，他会亲自拿着炉钩子捅几下火，直到看见喷发外溢的火苗，才算心满意足。

日本鬼子统治秦皇岛码头的时期，姥爷为了养家糊口，靠当码头工人生活。"文革"时姥爷因为是单位的领导，政治出身这一关是过了，但不得不主动提出让几个孩子纷纷下乡当知青。之后，子女们返城回来的工作问题又成了纠缠姥爷的劳累和负担。当了处级领导后，他是位干什么都拼了命的人，工作更加辛劳。80年代初的秦皇岛，家里有电话的人家并不多，姥爷只要到了家，饭还没吃消停，就又被单位的电话吵走了。再回来，已是深更半夜了。随他一起进家的还有外面的冷空气，间或还有顽皮的雪花洒在他斑白的头上。让人分不清哪是他的白发，哪是恼人的雪花。

飞雪扑洒，藏尽往事。道南一家普通的四合院，姥爷和他的儿女们正围在火锅旁欢度他 55 岁的生日。人生百年，白驹过隙。日子终于熬到了衣食住行的安稳。生活终于可以衣食无忧，然而幸福苛刻又短暂，让一个白发老人不能痛快地大饱口福。那次的合家团聚之后，经济状况刚刚好转，生活稍显顺心的姥爷就查出了糖尿病。糖尿病又名“富贵病”。可出身如此贫寒的姥爷还没来得及享受生活，更谈不上什么大富大贵就得了好听不好治的“富贵病”，命运为什么这么刁难他呢？让一生充满苦难的他多点富足日子，不好吗？

三九天的雪一直下，年复一年。小的时候，我在姥姥身边长大，每年雪舞的日子，姥爷都会给我在院子里堆个雪人。姥爷说：“雪人也是人，也会冷的，把你的小帽子、小围巾和小手套借给她戴戴吧？！”最难过的是看见雪人在太阳下一点点融化，看着我的“帽子”一点点地变矮，心里怏怏地，我哭着跑向姥爷，让他给我把雪人救活。姥爷说：“雪人是开心地飞上天了，你听话的时候啊，它还会回来的！”如今，雪花又从天而降，可是和您一起堆雪人的小铁锹呢？这么多年，我怎么找不到了？

风雪连天夜，姥爷终于没能熬过这场雪，他彻底地离开了我们，离开了他操持一生的家，离开了从未来得及享受的世界。我望着窗外的雪，我知道，在我的生命里，再也寻不到那个可爱的小雪人，那个雪人随着姥爷永远地消失了。它会以一滴滴水、一团团雾的形式存在吗？经过蒸发然后重返天际，再凝成冰冷的雪花，以温和的姿态飘落，轻抚我泪眼滂沱的脸庞？轻覆姥爷冰寒彻骨的身躯？

姥爷你在哪里呢？天堂里也有雪花飞舞吗？您还会为那里的小女孩堆出漂亮的雪人吗？我想，您会的，一定会为她们堆个最大的雪人，会笑的雪人。因为你从不拒绝晚辈的合理要求，你生来就是为爱他们而来的。

若只如初见

如果遇到一个人，他非常像你已经故去的亲人，你会怎样对待他？

想不到一个特别像弟弟的男孩子站在我的面前，他笑盈盈的、害羞的样子，我很熟悉。朋友和我说：“请小唐给你们帮忙作节目中的特约嘉宾，别看他年轻，在花卉造型方面老道得很，形象很好，适合上电视的哟，不过就是费用略高点，在你们能接受的范围。”制作节目虽然是公事，在没有看到他之前，我还打算和他讨价还价，而与他四目相对的时候，却怎么也张不开口，于是，痛快地答应了他的条件：“一天五百元就按你的价格吧！”他并没有想到我会如此爽快地答应，连声感谢地说：“晚上我可以适当延长工作时间。”

他善良的样子和弟弟是那么相似，乖顺、聪明又很懂事。一天的拍摄过程非常顺利，我只是嘱咐他要怎么讲解更清楚、怎么面对观众形象更适合、怎么展现花样技巧更到位。这些都是工作分内的事，除此之外，我几乎不敢看他的眼睛，深邃、坚定的眼神和我已相隔十几年。他 23 岁的年龄，那么活力四射，俊朗洒脱的外表，清秀周正的五官，甚至年轻气盛的傻话都和 24 岁就离开的弟弟那么相似。

我借口回家取件东西，在中午匆匆离开了录制现场。不知不觉却下意识地赶到菜市场买了蘑菇和油菜，一心想着回家烹饪好了等着“弟弟”中午回家。记得他的嗅觉特别灵敏，有的时候一推开门，就能猜出妈妈做的是什么菜，或者先跑到厨房看一圈，如果妈妈问他爱吃什么菜，他会脱出而出“油菜蘑菇”，那是他的最爱。

菜已经做好，鲜嫩的蘑菇泛着油花点缀着清脆的绿蔬，却再等也等不到那一声亲切的呼唤：“姐，我回来了。”我再也吃不下任何东西，哽咽着一中午，红肿着眼睛，下午去上班。在录播间，我实在没有和他对话的勇气。我怕掩饰不住自己，我怕我会偷偷地凝视，我怕会说出什么不得体的话，我更怕会不小心喊错人家的名字。

当这个貌似而神不似的年轻嘉宾经过上午的合作，有些熟稔之后，话多了起来，禁不住讲起他的闯荡江湖的“辉煌”经历。23 岁的年龄是个容易犯错误和允许犯错误的年龄。初中没毕业的他怀揣二百元钱，从贫苦的陕西老家来到北京闯天下。干了三个月的装卸工，到头来开了工资，除去花销和老板强买强卖的工作服钱，只剩下二十元钱。他当时把侮辱他的老板揍了一顿，发誓一定要在北京混出个模样给该死的老板看看。

如今他在花摆设计、插花教学等方面已有名气，一个月挣个万儿八千的不成问题。

他说，他已经谈过了十多个女朋友。现任的女朋友和他半夜动刀子，险些出了人命。女朋友和他急也不能怪她，都是因为那段时间他上网和别的女人有瓜葛，还有个四川的女孩子不远千里来登门拜访。再者说，现任女朋友的母亲对他比自己的亲妈还关心他。不能对不住人家，明年开春先结婚，给人家女孩子一个交代，万一不好了到时候再离呗！他自信地说，他一天就能换一个新的女朋友，况且打算和他结婚的女人多得是。

他还说，如果今天晚上工作太晚的话，他就不回家了。在网吧耗完下半夜，明天早上直接上班来，说不定还能泡个美女呢。

我把目光移开，窗外夏初晚来的风拂面而过，温暖惬意。华灯初下的夜晚，车水马龙，该到哪里去寻弟弟青春无敌的身影？这些恶习在弟弟身上毫无踪迹。当年的弟弟年轻激情，无所畏惧，像头小牛一样豪气冲天，觉得世界尽在脚下，纵不是一马平川，也是任其驰骋。弟弟的外表有人可

以长得像，但弟弟好学上进的精神气是没有人能比的。

大学二年级他的英语水平就达到六级水平，弟弟觉得他的一点点进步，姐姐都可以和他分享，写信问我："等着托福和雅思都过了，我想出国读研，姐姐你说是在国内读研好还是国外好呢？"

遗憾的是弟弟还没等到他的研究生考试，就被一个歹徒刺透心脏，离开了我的视线，离开了这个世界，更离开了他为之奋斗的理想和一万种可以过上的生活，但万里有一，也绝对不是眼前这个年轻人的生活方式。

年轻的"嘉宾"滔滔不绝地讲着自己的"光辉"历史和美好前程，随着对他了解的增多，他离我越来越远了。心想他要是保持刚见面时的样子，不说这些话该多好啊，那样会在我心中攀升多少幻想，又会让多少企盼成为现实啊！

"人生若只如初见"，该多好啊！

雪花飞舞

自小我在港城的姥姥身边长大，6岁的时候在北方的那个小山村住了一年。7岁的时候，爸爸决定再次让我回到姥姥的身边。凌晨四点钟，踩着齐腿深的雪，父亲抱着还没有睡醒的我，披星戴月地向火车站出发了。他要背着我，步行十里地，赶到乡里的小火车站，前往沈阳倒车，送我到我现在居住的沿海城市。当时，村庄的夜晚好宁静，我踏实地趴在父亲的背上，随着父亲步伐的左右摇动，睡得好香，嘴里还含着临出门时，奶奶塞到嘴里的一块糖。

不论是父亲踩在雪地上“吱吱”的脚步声，还是村里熟悉的狗吠声都没有惊醒我甜美的梦。纷飞的雪花落在姥姥新给我做的花棉袄和红彤彤的脸蛋上，我像一片片飞舞的雪花依附在父亲的背上，间或融化在爸爸额头沁出的汗珠里。

十里长路之后，我们到达了乡火车站。那是我至今见到的最小的火车站。狭小的候车室里几乎没有人。父亲像个正在工作的蒸汽机，热气沿着老军绿色的棉帽子向外蒸腾，捂也捂不住。膝盖以下的裤子已经完全湿透。父亲唯一一双越冬的、满是“皱纹”的猪皮鞋湿漉漉的，像奶奶早晨刚洗过的脸。我心爱的鞋子，一尘不染，那是姑姑送的红色小皮鞋。姑姑知道这次搬到城市姥姥的身边，不那么容易看到我了，临走前的夜晚，搂着我说，想她的时候看看新鞋子。别小看一双不起眼的红皮鞋，今天看来已不

是什么稀罕物，但当时却是姑姑偷偷用奶奶的供应票，好不容易从县里“抢”购来的。站在候车台上，红色的小皮鞋在父亲破旧的黑皮鞋的比衬下，灵秀可爱。我不禁用脚向另外一条腿后面蹭了蹭，想擦去上面的土和雪水。奇怪的是，经过十里路的跋涉，我的鞋子居然没有一点污渍。是雪吗？干净透明清新的雪，不曾见过这么漂亮的鞋子，飞舞而来，轻抚它后，不忍弄脏又飞升而去？原来是，父亲十里长路没有将我放下一次，他想让我的小皮鞋不惹尘埃，一辈子都不染。

火车站里，父亲站在没有玻璃的候车室门前，意犹未尽地说：“好大的雪，今年你二姑家的小麦该丰收了。”他似乎还在喘息，但并没有和我抱怨半点出行的不便。

父亲一直是个替别人考虑的人。二姑家孩子多，二姑又是比较懦弱的女人。瞧着二姑生计困难，父亲经常背着母亲把家里的粮袋子扛到二姑家然后不让我告诉母亲。我想，父亲是把我看成和他一个做案团伙的，知道我不会背叛他。那个年月，由于物质的贫瘠，人们会对自家的粮食非常敏感。母亲有时发现了，故意装作生气的样子埋怨父亲。她埋怨最多的一句话就是：“你把面都拿走，我看过年拿什么给孩子包饺子。”我曾经偷偷告诉父亲：“妈妈再问您，您就说拿雪包饺子，因为雪和白面一样的白，一样的可以捏面人，一样可以用来充饥，一样可以和面包饺子。”

雪花飞舞，那时人们还没有时间去浪漫，一切都来得那么实际。

雪没有如我所愿，包成饺子，却登过我家老房子的各个角落。父亲在农村老家的时候，我经常看到他在下雪的时候，搓一锹雪放到地上，然后用笤帚赶着雪将屋地扫落一遍。一边扫一边嘀咕：“脏东西，都带走吧，都带走吧……”雪变黑了，地面却干净了。洁净的雪，湿漉漉的空气，清新舒适。父亲喜欢雪，我亦喜欢雪后的屋子，屋子里有雪花的舒爽 味道。

父亲是个勤劳的人，来到城市生活以后，我们住在海边的平房。但用雪打扫房间的习惯，父亲一直保持着，从未改变。我想他是怀念一场北方的大雪纷飞。

下雪的时候，父亲往往有着莫名的激动。他常打开窗子，对着逆风飞扬的雪花发呆。飞舞的雪花透过敞开的窗子亲吻父亲满是皱纹的额头、瘦弱面颊和微驼的背。它环绕在父亲的周围，和父亲亲昵游戏，就像童年和父亲撒娇的我。而如今的我甚至有些和父亲生分了，少了那份亲昵。

一年比一年岁数大的爷爷是父亲当年最放心不下的，去世时 99 岁。爷爷还在的时候，父亲会不安地问我："天这么冷，也不知道你爷爷的炕烧得热不热？你去打电话，告诉他，可别到村里乱走，小心摔了。"有时，雪一下，他还会张罗着收拾行李，回老家给奶奶上坟去。因为奶奶是大年初一吃完饺子睡过去的，父亲没有看上最后一面，总是愧疚着要回去多烧点纸。就这样，雪一飘，父亲的思乡情就开始涌动，带着我们一起纠结，一起想顶着雪回老家。

而我，更怀念父亲冒着纷飞的大雪，送我去车站的情景。雪花漫天飞舞，父亲深一脚浅一脚地，默不做声。四处是银白的世界，像极了我在父亲背上做的梦，一尘不染。

放不下的锄头

锄头在乡下不是什么稀罕物，是家家必备的极普通的务农工具，但在城里就少见有人以它为爱物，唯有爱好另类乡村装饰风格的时尚人士才把它请进屋子，作为饰物摆在明眼处，提高它的身价。父亲不是什么时尚的艺术人士，但他却视其为宝贝，守着离不开。

到了春耕秋收的季节，父亲坐在自家的小院里，娴熟地清洗锄头。这是父亲从自辟的菜园子回来必做的功课，也是多年来父亲在我头脑中留下的经典印象。一把锄头握在父亲手里，锄头把儿已磨得油亮。每次父亲轻轻吹掉锄刀上余下的浮土后，脸上会被一层尘土覆盖着，灰蒙蒙的。父亲并不在意泥土弄脏自己的脸颊，随后，他还捻捏着手里的土疙瘩，说："女儿，你仔细闻闻，泥土有点香的。"

这就是我的以锄为乐的父亲，东北黑土地里长大的父亲。

父亲很普通，这么多年来，我一直想把父亲的形象拔高一些，总想提炼点什么"高大上"的东西，最好能总结出他伟人一般的品格。而今，我意识到，那是我的形式主义、小资情结在作怪。平凡的父亲一样地让我心生敬意。

童年我是在姥姥家度过的，6 岁的时候，父亲从老家搬到秦皇岛。那天姥姥家门口出现了刚刚下火车的父亲，他是拿着锄头来城里落户的。我看见他转身就跑，躲在小屋的门缝里偷偷地盯着父亲看。一会儿又趁大人不注意跑得远远的，去摆弄积木。最终没能拗过大人们的推搡，怯懦地叫了声“爸爸”，就被他一把搂进怀中，从此回到了父母身边。

那还是 80 年代末，妈妈工作的单位分了一套面积 50 多平方米、正三间、朝南的房子，一家五口人住的话，有点拥挤。好在是一楼，父亲得意地拿出锄头，把楼前的杂草锄掉，垒出了一个宽敞的院子。种上花草，搭上葡萄架，说不出的自在。吃饭、玩耍、读书、晒太阳……这所小院成了我们一家人活动休闲的场所。

父亲主要的劳动工具除了锄头，用得最多的还有抹子。抹子是瓦工常用的工具。瓦工只要有技术、有体力在城市或者乡村都能找到差事。那几年，父亲靠一把不足三十公分的工具养活了一家人。

在乡下，父亲是 60 年代的“老三届”，年龄不大，却是远近闻名的“聪明人”，是爷爷奶奶的好帮手。无论是农活、教书、瓦工活，父亲干啥像啥。

广袤的东北大地土质肥沃，扔下种子老天爷就会让它开花结果。农人开春播种以后，大多不再操心农事，就可等待收获。爱读书的父亲却不同，也许是刚高中毕业的缘故，总还血气方刚地想做点什么。比如：他一直在思考着，怎么能让地里的土豆丰产。父亲通过翻看大量的科普读物，得知黑龙江的土豆种子非常好：个大、产量高。父亲决定跑到一千多公里以外，倒几趟火车，背一大袋子回来。最终，父亲用了四天四宿的时间，远赴海拉尔，背回了高产的土豆种。很多村民来到爷爷家求购盼望已久的土豆新品种，并且迫不及待地种到田里去。大胆的尝试和耕作换来了秋季的大丰收，很多乡亲受益匪浅，都夸奖父亲能干。那个年月，在东北，土豆丰收就意味着过冬的菜不愁了。

为了改善生活，父亲在工作之余抡起了从老家带来的锄头。他把目光锁定在离家不到 50 米的、小区外的一片空地。父亲白天照常上班，和水泥沙子打交道，下班后拎起锄头，开始了另一份劳作。

让父亲开心的是从老家带来的锄头派上了用场。他利用空闲的时间开

辟了一块 150 多平方米的小菜地，麻雀虽小五脏俱全。小小的菜地，应有尽有：蔬菜、水果、杂粮……一块不大的菜园，却让父亲耕种打理得井井有条。浇水、施肥、翻地、剪枝、打药……一样也不含糊。小菜地经他的精心侍弄料理得规整有序，像模像样。别小看这块菜地，除了带来丰收的喜悦，尝到许多新鲜之外，后来还成了外孙女、外孙子们的植物园，农作物普及体验基地。

斗转星移，小菜园经历了数载的春华秋实，给我们这个普通的家庭带来了无尽的收获与快乐。但随着年纪渐大，父亲除了白天上班，再伺候菜园，有点力不从心，邻居早已退休的田二哥劝告父亲，不要再起早贪黑地忙活那块地了，不如打打麻将、喝点茶水、聊聊天呢！

在田二哥的劝说下，年近 60 岁的父亲尝试着将锄头收拾起来，饭后晒晒太阳，闲逛，聊聊家常，打打麻将……可没过几天，他就开始想念那把锄头。说："腰疼、腿疼、脚也疼，拎着锄头那会儿哪也不疼。"于是又把锄头、铁锹、镐头翻腾出来，擦拭一番，旧貌换新颜，还特意骑了 20 多里路到农村大集添置了一些新家什。自叹道，自己这双手摸不惯麻将，这辈子摸惯锄头了。父亲还说："我可看不得亲手开的地荒着啊。"

去年夏天的一个中午，母亲突然打电话说，父亲晕倒了。我想定是他老人家"美尼尔综合征"又犯了。我匆忙赶回家，只见父亲歪靠在床的一角，已经清醒，我把特效药准备给他服下。父亲却说："不是吃这个药的病，有点中暑，没关系，休息休息就好，你妈大惊小怪的，非叫你们回来，是要集体批判我呀！"果真，母亲开始唠叨起来："这么热的天，你看有几个人顶着日头干活，说什么地里的庄稼不等人……"父亲一百零几斤的身体蜷缩在床角，枯瘦得像一株盘根老树。听到我们全家都"批评"他，他像个犯错误的小孩子，不再吭声，眼睁睁地看着母亲一边嘀咕一边把立在床边的锄头清出门外。

在家休息了半个月后，父亲身体康复了，他不但没有"听大家的话"，放下手里的锄头，反而"变本加厉"，又投入了一项新的"事业"。他用园子里打下的粮食，结的果实，在亲戚家的楼顶养了十只母鸡，两只大公鸡。父亲说："柴鸡蛋营养丰富，市场上卖的有假还太贵，不如自己养的知根知底。两只大公鸡留着等过年给外孙们煮鸡汤喝。"父亲还把鸡蛋腌制起来，他知道，女儿以前在家最爱吃这一口。

前些日子父亲听说，养鸡的老小区要拆迁了。我们高兴父亲不必爬上爬下，为了几只鸡伤神，父亲却一脸的黯然。十来只母鸡父亲舍不得卖，也舍不得杀，总想在这座城市的某个角落能有它们落脚的地方。找来找去也没有合适的地方，无可奈何只好把它们送给了乡下的亲戚，临走还叮嘱人家别杀了它们，合适的时候还会接它们回家的。

干起活来的父亲意气风发，父亲常说没有累死的蜜蜂。父亲省下了关于"养鸡"的劳作，更加专注于他的一亩三分地了，他拎着那把锄头没事就在"田间"转来转去，好像有干不完的活。

近些日子父亲的身体一天不如一天。因为视力下降，他经常磕倒绊倒在小田垄上，索性就顺势在田间地垄上坐上片刻。每次看到他摔伤后的样子，全家人都心疼地劝慰他停下来，他依旧不听话地往园子里溜达，偷着种点什么，跟别人说是地里自己长出来的。有时候还振振有词地说，拿把锄头在外面溜达，是因为它也可以在路不平的时候，当拐杖使用。

我倒真希望父亲把他心爱的锄头握在手里不离身，在他摔倒的时候好派上用场。可是，我知道，父亲更多的时候是用它来劳作的。

时间转眼而逝，我们姐俩早已结婚生子，一路走来，我们吃惯了父亲亲手种的菜，习惯了下班以后到父亲的小菜园去拔草、种苗、摘果，夸赞父亲的耕种手艺，抑或是提点改进意见。但不管怎样，只要是在他的园子里，父亲的心情就是愉悦的。在他看来，重视他耕种的瓜苗，就是对他手中锄头的认可。

在城里生活了这么多年，父亲就没放下靠双手改变生活的信念。不服输的父亲始终相信勤劳改变一切，甚至是命运。这也耳濡目染地影响了下一代，子女们在学业和事业上永远不停下脚步，靠自己、靠勤奋、靠智慧

奔前程。

犹记得我上初中时，学习成绩在全年级名列前茅。年轻的父亲经常穿戴整齐地应邀在家长座谈会上总结教育子女的经验。我扒在教室门外，看着父亲严肃认真地端坐在讲台前，总是这样地说她的女儿——“并不聪明，但很是勤奋”。说这些话的时候，父亲平日一向不苟言笑的脸上荡起丝丝笑意，想必当时的父亲心里有一丝骄傲掠过吧。

这么多年以来，我一直记着父亲的话，记住了那一刻父亲的微笑，记着能让辛劳的父亲开心的方式，并希望靠自己的努力，让父亲可以这样一直笑下去，所以我不敢停下脚步。

游向深处

躲不开的时候，人都会尝试寻找，已知或未知。

周末，我清点好用具：泳衣、泳镜、泳帽、耳塞，还有薰衣草香水，一个人去游泳。

香水默默地溶解在水里，香味一直弥散在水面，悄悄地在水道中留下记号，忠诚地画下我的地盘，或许为了保留，或许为了占有。

保留是一种无意的支持。该遗忘的，而果真努力去遗忘的话，实在也是一种强迫式记忆。是想通过点数斑驳的往事来铭记时间吗？还是想通过记忆时间来记录那些过去的往事？我不厌其烦地涂抹香水，然后停在泳道的起点发呆，想记起什么。

侵占是前行的决绝，是不堪重负的需索。明知道自己承担不起，本该节制，而果真节制的话，也成了顽固不化的拥趸。是想通过坚守曾经熟悉的一切来把握现世吗？还是想通过攫取新鲜的未来来肯定曾经的拥有？

我怅然若失地站在泳道中央，想伸手抓住点什么，而张开手，亦是冰冷的手心，凉凉的水珠。而伊人却渐行渐远，只得将寸寸柔肠化作盈盈粉泪，滴在泳池里。于是顺利地潜入水中又浮出水面。

温润的水抚摸着身体，承载身体的重量、稀释着内心的焦灼。上下迭出的身体像只远行的船，张开帆，开足马力，风里雨里，直奔远方。机械的划水动作，简单明了。虽是简单重复，却在不断地消耗、粉碎和建立新

的未来。憋一口气，潜入水底，让胸腔的压迫抵达极限。在它即将迸裂欲炸的时候，再突然地浮出水面，来一次彻底的吐故纳新和隆重的迎刃而解。这巨大的释然让正常的呼吸顺畅和安然。

压力本身来源于没有安全感。水面的空气和呼吸让人熟悉，越熟悉的东西越容易让人有归属感和安全感，不是吗？

冰冷的水温，游走的泳线，漂浮的泡球，正规而又清晰。泳者在水中放大后丰硕的臀部，浸泡后惨白的皮肤……刺激着人的感官神经。一切皆因新鲜、欣喜、陌生而跃跃欲试。一切皆因懵懂、无知、愚蠢而止步不前。一个人的涉世未深与年龄无关，即使是步履蹒跚，踽踽独行，也能行走江湖，勇闯天下。

不安生是人的天性，人们似乎已经习惯了从一个陌生走向另一个陌生。在不断的行走中消磨年华，斗转星移，时光暗逝。水面上的生活俗艳而市井。于是，泳者潜入水中，躲避尘嚣和聒噪。仿佛从此生游到来世，生活一直在别处灿烂，在别处妖娆。

常常幻想是条自由的鱼，一天到晚地游泳。水终是鱼儿安全舒适的家，觅食果腹兼顽劣戏耍。悲伤的时候不被别人看见，即使悲伤巨恸，肝肠寸断，也悄悄地把眼泪溶在水中。自知生命卑薄、命运多舛，理当饱含理想，用生之所望，抵挡严寒，充沛人生。它盈满天真的展望、勤劳的稼穑、卓荦的追求、谦悯的生活，即使前程从来没握在自己手里。

一次毫无芥蒂的觅食，鱼儿就轻而易举地落入圈套，一次寻常的觅食却轻易断送了性命。原来清楚的东西并不都是可信的，它让人身险囹圄。挣扎，却也是徒劳。或许是一时挣脱，但清浅的生命仍旧不是黑暗的对手。有人说，人生暗藏杀机，防不胜防，有常中本又无常。于是我打点行装，杵杖竹鞋，吟啸徐行。

一个人的泳终是踽踽。

与水的亲密就像有了几分亲情。我紧贴着水，像是彼此真心地拥有。孤独是可耻的，庆幸深埋在水中无人知晓。此刻的隐藏，绝不像地下的矿藏，前世弥久的积蓄为了今生的光天化日。那是有企图的暗合和营苟，泳者并不稀罕。

孤独似乎更适合沉默。

没有什么带来雪中送炭和锦上添花的安慰。他用持续舒展的动作，沉默地展示着丰盛的生命力。无数次的跃出和埋入，是在积攒力量，等待亘久忍耐之后的最终浮出，那是位于终点的成功，是有益的自我救赎，然后是一生的微波凌步、玉树临风。

泳者注定桀骜，而桀骜是任性的坚守。

果真可以，我便想一世跃入水中，死心塌地地作条鱼，一天到晚不停游的鱼，任岁月琤琮，韶华流逝。

周末，一条鱼的游泳，游向深处，自由摆动。

一路走过

——写在我的第15个记者节前

时光荏苒，岁月如梭。转眼间，在这条汗水多于鲜花的路上已经行走了二十年。二十年足以见证一个婴儿到青年的成长。二十年的寒来暑往，二十年的激流勇进，从刚入行不知深浅的实习小记者到独当一面的电视编导，我收获了一名普通新闻工作者的艰辛、荣耀和梦想。

环顾周边，无数个刚离开校园的广电新人，如我当年一样在前辈们的带领下，向着新闻这条永无止境的路，扬帆起航。在渤海岸边、长城脚下，一路行吟，一路奔跑，一路歌唱。蓦然回首，一路上需要记录的精彩瞬间、铭记的面孔、感谢的人不胜枚举。今天在这个特别的日子里，我特别想和他们面对面说说我心里感激的话。有了你们，我的同仁们、采访对象们、观众朋友们，才让我的来路如此坚定有力、温暖幸福。

感谢同仁们的帮扶。是你们，助力我在新闻路上，如快乐的小鹿，奔跑如飞。还记得，我最初新入记者行列，狭隘地认为，记者是仗剑行天下、路见不平拔刀相助的江湖侠客。动动手中的笔、肩上的摄像机，就会像动手术一样，剜掉社会毒瘤。可现实却大失所望。是前辈们的耐心教导让我走出迷茫，重燃信心。从那时起，重建起来的新闻理想，如一棵不老松，深深地扎根在我的心窝。原来新闻不仅需要 “破”，还需要“立”。

今天，能坚定地与你们一起站在风雨中，成为你们中的一员，内心的感激无以表达。无数的关键时刻，是你们伸出友爱团结的手。犹记得，那年冬天的大雾，在去青龙采访的路上遇到不测，你们的鼓励如春风化雨；还记得，那年夏季的大雨，长城节晚会回来我连续高烧，你们的关爱无微不至。那一个个广电的不眠夜，你们主动加班帮我赶制片子，抓紧配音，提早播出，如雪中送炭。因为你们知道，我们一起保存新闻的新鲜感就是守住新闻的生命线。第一时间播出，就是最高地体现劳动的价值。一次次录制节目到后半夜，你们始终不厌其烦地和我一起出谋划策，克服困难，亲如一家。

记者节到了，那些一起披风沐雨、品尝着艰辛、收获着充实的同仁们，真想让你们停下奔走的脚步，放下手中的笔，离开电脑纸张，别再为一个标题冥思苦想、为一个稿子字斟句酌、为一个片子废寝忘食、为即将到来的山雨欲来风满楼而焦灼，在这个属于自己的节日里让自己放松一下，看一看窗外的碧空、远飞的青鸟、飘远的白云……

在新形势下，纸媒的影响力下滑，广电媒体优势受挫，媒体人的生活不安，事业受阻，种种新问题正在考验着媒体人的变革能力和创新能力。“变则通，通则变。”永不服输的媒体人不会在体制变革的动荡期内沉沦和凋敝，必将在逆境中求生存，在坚冰中找突破。

感谢那些可亲又可敬的采访对象们。是你们的先进事迹感染了我；是你们宽广无私的品格触动了我；是你们不计报酬、不求名利的忘我精神教育了我……都说，做一名记者是幸运的。我想，最幸运的是有更多的机会探索平凡、走近高尚。

你们中有为革命烈士义务守墓 20 余载的全国道德模范王文彬；有助养 90 余个孤儿的中国好人申学东；还有义务甘当冀东党史宣讲员的“河北平民偶像”革命后代张维孝；更有自筹资金带领大家共同脱贫致富的好支书李家庚、带领全村共奔小康的新农村建设带头人李集周…… 还有什么比你们美丽的心灵更让人震撼的呢？这笔宝贵的精神财富如一缕春风吹拂大

地，如一滴甘露滋润心田，如一束阳光照亮前程。越是走近，灵魂越是得到滋养、纯净。厚德载物、上善若水，对你们的憧憬之心激励着我的创作热情。

感谢观众朋友们的一路陪伴。是你们期待的目光，让我前行的脚步如此无惧，坚定如磐；是你们热情的双手，让我们的心手相连，亲密无隙；是你们信任的眼神，让我们每一次的出行快如迅雷，不顾一切，踏遍脚下千山万水，也要第一时间赶赴现场，千方百计把消息第一时间传递给你们。都说，记者用铁肩妙笔铸就的是一条连心路，我们在路的这一头，你们在路的那一头，是你们的存在让我们的奔跑有了意义。

就让我作你的眼，带你飞跃城市的五彩斑斓；就让我作你的眼，带你领略无穷的时代变迁；就让我作你的眼，让你看到世界就在你眼前。

晨曦微露，我们头顶着星光出发，华灯初上，我们披着彩霞上路，星光点点，会记下忙碌的身影；晚风习习，会留住奔跑的脚步。未来的日子，不管遇到多少艰难险阻，跨过多少高山大河，我们依然会在风雨中披星戴月，珍惜每一支笔、每一个镜头、每一声问候，用它们记录时代；传递真情；用它们记载港城发展的每一个脚印；用它们书写 300 万港城人的光荣与梦想；用它们描绘山海大地不断变化的春景蓝图。

总有些感念让我们心存崇敬，总有一些崇敬让我们坚定信仰，总有一种信仰让我们萌发力量，总有一种力量让我们心生光芒，感谢有你，让我一直大踏步地走在路上。

心向大海的鱼

——我的写作之路

一

新闻工作者喜欢刨根问底，尽管有时候不合时宜，他们是最关心答案的一群人。曾经有同事问过我，是什么时候与文字为友的，我的答案却不能让他满意。那就从童年开始吧，因为谈及童年话题总是很讨巧，况且随着年龄的增长，总要犯点人生的小毛病，喜欢唠叨点过去的事，不管人家爱不爱听。

从小时候在姥爷家寄宿开始说起。姥爷家不是书香门第，是从山东逃荒到东北又来到关内谋生的苦命人。健壮的姥爷有一身力气，总有使不完的劲，他曾是秦皇岛港务局的全国劳动模范，他很忙，我几乎很少看见他。舅舅们年轻帅气，能拉会唱，活跃在单位的文艺团体中，每天哼着歌带我去看他们排练《在希望的田野上》《金梭和银梭》《年轻的朋友来相会》。大概他们随手拿着的歌谱是我最早接受的“看图识字”吧。三个表姨漂亮又能干，青春妙龄，正沉浸在爱情的甜情蜜意中。她们的男朋友也就是后来的姨父们，经常给我买饼干、葡萄干、果丹皮等小零食。另外，我还经常收到《小兵张嘎》《红灯记》《从奴隶到母亲》等小人书，翻来覆去地

读，故事情节“饶有趣味”，堪称当时盛行的儿童绘本。写字台玻璃板底下压着表姨和舅舅们追崇的明星照片，有张金玲、刘晓庆、陈冲、潘虹、李秀明等等，照片旁边的名字就成了我启蒙教育的“百家姓”了。

这个十多口人的大家庭生活气息非常浓厚，每天都在上演着喜怒哀乐的人生大戏。长在 20 世纪 70 年代的孩子，物质生活没有现在这么富有。十多块五颜六色的积木，稀少而又奢侈，是我童年的宝贝，一直玩到小学毕业。长辈们生活上很疼爱我，又似乎无暇顾及我的其他。上小学三年级的时候，我偷偷地把姥爷给的零花钱攒起来，凑了 1 元钱，约着同学到文化路北方书店买了 3 本《北方少年》。《北方少年》是我的班主任推荐的，开本不大，黑白印刷，页数不多，是当时的“潮刊”。里面的故事似乎比《小兵张嘎》还精彩，瞬间就打动了我。这之后，朴老师又推荐了《儿童文学》，每期都订阅保存，自此一个关于文学的世界向我敞开。它比糖果更甜蜜，比酸梅干更有滋味。姥爷给我的零花钱虽然只有一角两角，却为我打开了丰富无穷的崭新世界。

二

我从小和男孩子一样爬墙上房，像个假小子。姥爷决定送我回到东北爸妈身边严加管教，但顽皮的秉性，非但没有收敛，还学会了下河抓鱼、上树掏鸟、田里捉蛙。半年后，重返姥爷家时，唯一的收获是带了一口浓浓的东北腔。我一张口，新班级的同学们哄笑个不停，所以我“学乖”了，不愿意在公众场合讲“哏话”了，可东攀西爬的本性不好改。当时秦皇岛最高的楼是位于长城马路的五金交化大楼，有五层高。姥爷家住在为数不多的楼房里，开滦路的后面有十来栋三层高的缸砖楼，红砖灰瓦，古朴又突出。有时我常想楼房的顶部是什么样？是一个平坦的大操场吗？可以跳皮筋、扔沙包吗？趁着大人不注意，登上木梯并用小肩膀顶开了“房顶”的四方形铁盖。一个广阔的天地瞬间向我敞开。我惊喜地发现一个 “秘密基地”——姥爷放杂物、养花的花棚。好寂静又自由的私有空间啊！那是我的宝地、我的辖区、我的地盘、我的独享世界。就是在那里发呆后写下的作文不断被老师当作范文来读。也许就是在那时，有了想记下点什么、写下点什么的愿望。

午后的阳光透过门窗，柔和地投射在不足10平方米的花棚里，花儿每天安静地抽枝吐蕊，枯黄凋落，在灯光与阳光自然的交替中成长。一本日记和一只趴在脚边的猫，成了童年最清晰的记忆。成长的苦恼和坦诚的坚强那么自然而然地流露笔端。当时没有想到记日记会有什么现实回报，只是不停地写，快乐地写。与文字交好俨然已成为一种寄托，一种习惯。我只是习惯性地和一位有时间和我耐心交谈的朋友聊下去，她不会笑话我前后音不分的东北话。

读闲书、写日记、学语文让一个好动的孩子安静下来，甚至糊里糊涂地成了“学霸”。姥爷自然高兴得合不拢嘴，零花钱给得更实在。舅舅替开完家长会走出教室，也自豪地发起数额不小的“奖学金”。这些可观的“财政收入”让我的小金库满起来，更让我在书海里尽情畅游，像条自在的小鱼。

小学的老师知道我父母不在身边，冬天总是照顾我坐在挨着炉火近的座位，手脚从没冻过；初中的老师疼爱我，总是单独辅导我，但凡成绩有点后退，就不停地找我谈话；更有趣的是，研究生全国联考时，竟在高数只考了15分的情况下，靠着写作拉高总分顺利通过录取分数线。这些或许是写作最实在的收获，尽管这些都不是我的初衷。其实，喜欢与文字为友只是一种慰藉，除此之外，再无其他。

三

上个世纪70年代末，我5岁的样子，每天都盼着吃过晚饭。因为过一会儿“饼干舅舅”和“冰棍儿舅舅”会来做客。被起了外号的舅舅们从不

空手而来，总是带来我爱吃的零食。

“饼干舅舅”是姥爷的司机，皮肤白，有点秃顶。我过生日的时候，他送我一个黑白相间、方形的皮革包。上面写着“我爱北京天安门”，背上可神气了。这在当时是名副其实的奢侈品，价值不菲。姥爷不让要，“饼干舅舅”硬是把包斜挂在我的肩上，还在皮包带上写下我的名字，随手抱起我，掏出随身带来相机，热情地帮我拍照。姥爷没办法拒绝，只好在临走时，塞给他两袋子白糖。

“冰棍儿舅舅”是邻居家张姥爷的儿子，个子高、长得帅，特别爱说话，会唱红歌哄姥爷开心。姥爷当时是港务局水厂厂长，两个舅舅常来姥爷家聊天、看电视，气氛融洽得很。可是没多久，姥爷就发话了，再不让他们登门，据说和什么提干、转正有关。我自然不知其中的详情，关心的是再也没有好吃的“饼干”和“冰棍儿”由天而降，姥爷边哄着哭闹的我边说：“溜须拍马的人买的东西咱不吃啊，臭！”

这大概是我接受的最早的人性教育，但这样的时候并不多。姥爷或许过度地保护我，所以自小一直缺少对人性中“恶”的认识，这也导致在成年后，欠缺对“恶”的防御和招架。遇事一味对别人往“善”的一面着想。用当下的话说，就是认为，生活是诗和远方，而缺少眼前的苟且。

从小生活的家庭背景非常简单，接触的长辈都很直爽、善良、坦诚，与生俱来一根筋。个个像勤快的庄稼汉，只会认真耕植土地，喜欢踏踏实实地“卖苦力”，凡事靠自己努力争取好结果。攀贵附势、绵里藏刀的厚黑哲学他们从未掌握。教育得我从小不会“积累”经验、“设计”未来、防备小人。他们是凡夫俗子，从未读过圣人的哲学道理，但却用实际行动教导我做事做人的“老实”态度。

现世的作者认为，写作就该随行就市，“做事不由东，累死也无功”。什么马屁文章、口水文字该出手时就出手，求一份稳妥的文学收入。而我认为，写作仅仅是事物本身，仅仅是老老实实地言志抒情。

严肃地说，写作是一种修行。我从未像模像样地拜师学艺，或者大学读过中文专业，上过作家班，纯粹是“草台班子”混到革命队伍中“滥竽充数”。一说“写作”二字就心虚得很。那个年代都看过高尔基的三部曲，深受艰苦卓绝的无产阶级革命教育。更加特别的是，敢动笔还是深受高尔基一句话的鼓舞，引领我斗胆跨进神圣的写作大门。他说：“千万不要从形式上去追求比别人写得好。比别人写得差一些不要紧，要紧的是按自己的特点写。”这句话中“比别人写得差一些不要紧”这几个字蕴含无限勇气，后来有朋友善意地告诉我说：“你曲解了高尔基。”我说：“不管那些，反正从中获取力量了，足矣。”

我不仅有了精神引领，还找到了实践的秘诀。不知道为什么，那个年代出生的人，对前苏联的文学家比较熟悉。俄国的杰出作家果戈理就说过：“写作的人像画家不应该停止画笔一样，也不应该停止笔头。随便写什么，必须每天写，要紧的是叫手学会完全服从思想。”年轻的时候，我们都比较天真，比现在的人容易相信大师的金口玉言，也比较容易领会名人名言的深刻含义，尽管有时是断章取义。从小学五年级到上高中甚至上大学，我严格遵从“随便写什么，必须每天写”的谆谆教导，先后在足有半人高的笔记本上涂抹乱写很多权且叫作随笔的文字。多年来，凭着对写作单纯的热情和无畏的坚持混迹在江湖。“厚着脸皮”紧紧地跟在浩浩荡荡的写作大军中，一跟就是二十多年。

每次回家看望爸爸，他老人家常常说我瘦得皮包骨似的，缺营养，应该补补。这是他经典的安慰语言，实际上我已胖得没边，只是爸爸不觉得。孩子不管多大、多丑、多不争气，在他们眼里永远是不会照顾自己，永远是稀罕没够，永远是赞叹没完。其实，有的时候根本不是那么回事。

我们都当自己的孩子是宝贝。我除了顽皮的家里娃还有我笔下的文字。重新翻阅它们，这么多年真没写下什么惊天骇人之作，也没说出什么感天动地之情。题材取自家长里短、左邻右舍、工作闲谈；内容多是日常随见，平常所思；思想上没有什么高屋建瓴、高谈阔论的深刻之处。虽然是如此平凡普通的“孩子”，但忍不住还是发自肺腑地爱在心头。偶尔会带“孩儿”出来呼吸下新鲜空气，碰到熟头巴脑的人摸摸“孩子”的头会说：“还挺壮啊！长得真高！”别人赞许有加是因为熟人的关系，给足了面子，但我有自知之明，其实知道自己的“孩儿”不过是个矮冬瓜、小胖墩。

尽管这样，在二十多年的时光里，还是要感谢给了“孩子”很多宽待和关爱的“叔叔阿姨大爷大妈们”，感谢你们善意的谎言给我的勇气，感谢你们呵护“孩儿”成长！

四

爱因斯坦说：工作的最重要的动力是乐趣。这句话有点振奋人心，可是，现实生活往往相反，有时工作和乐趣是两条平行线。有些人的乐趣也许在工作之外。

成为电视台编导多是为了满足父母要女儿有份稳定工作的愿望，为了让他们安心，我几乎是“艰苦卓绝”地奋战了四年，终于可以给他们一个交代。如今的电视台作为传统媒体，正处在转型变革的动荡期，不知道父亲若听到此消息是不是会担心。从来没有什么“无冕之王”，我对这份来之不易的职业饱含敬畏之情并用心为之。也许是得益于文字的支撑，二十年的编导生涯还算胜任。对它的执着就像饭店的女迎宾员对待脚下的“高跟鞋”，保持职业状态的同时尽量演绎出风情万种。阅人世繁华，看世事风景，行走在生命旅程，有了文字陪伴，就连职业生涯也多了些许的舒适和快意。

一篇文采飞扬的晚会撰稿、一段情真意切的电视散文、一个感人至深的电视短片……文字助推我的编导工作像小马驹一样飞跑。这或许是写作带给我的职业福利，而工作中触动到我的人物、采访到的事件则变为笔下的素材，这或许是职业于写作的反哺吧。

说到底，我是个随性的人，爱放纵自己，幸好此生在不同的时期遇到了诸多好老师。他们像一盏盏指路灯，照亮前行的路，接力赛似的出现在我人生的路口，辅佐我一步步成长。初中的闫致中老师开启我学习的大门，大学的王秀茹老师热心地为我的工作奔波，研究生的王玖河老师教我做有情怀的人，硕导刘文远老师永远给我不停歇的奋进力量，工作后又恰成领导的龚宏老师充满独特的人格魅力，还有无数个照顾我生活、教我知识、提携我工作、指导我写作的老师们，感谢他们用欣赏的眼光鼓励我这个有点懒惰的学生，感谢他们用肯定的心态激励我这个有点任性的学生，只是有些惭愧，学生不才，真的辜负了他们很多。

间或有文字流于报端，心情明媚些许时日。微薄的稿费常能换几个酒钱，约了文友，浅杯低饮，畅聊叙旧，爽心得很。诗文裹杯下肚，情谊提腹上扬。三两知己，志同道合，此生挈阔相携，足矣。

科学研究向来严谨周密。我这样一个凡事不愿多解、诸事不求真相、随喜多忧的文人，报送的课题居然获得了市政府社科联重点课题科研成果一等奖。当看到一同获奖的还有读研时授课的教授时，心里一阵的羞愧。一定是貌似强大的文字驾驭能力弥补了某些方面的短板。这算不算与文字交好带来的意想不到的回报呢？

清人曾经有幅题柳的名画叫“柳枝西出叶向东”，后人评“此非画柳实画风”。从西面画进纸张的杨柳正是遇到东面来的风才叶子向西。乍一看是作者要画柳树，再一看其实是声东击西，瞒天过海，东来的春风才是他的用笔所在。

写作于我像不像是画上的春风？吹得柳树妩媚多姿，吹得万物生机一片，编导的生涯恰如“西出的柳枝”，随风摇摆，不管它日月山河何在，我自春风荡漾。

五

曾经有人问：“写作于你意味着什么？”我顿时语塞，表情肃然。要是说，写作是件神圣的事情。寻得文学的常道要探索最高远的慧心，追求最深刻的真诚。你肯定觉得这样说有点虚伪，但我的内心确实对写作有满满的敬畏感和虔诚感。人就是这样，说实话时总是没人信。

放眼望去，各行各业，现世的成功者多是经验丰富的资源整合者。他们具备灵敏的嗅觉，能分辨到来自各个方向的利益气味，然后寻着气味一路追逐狂奔。他们还具有丰富的感知能力，一旦寻到便捷的途径，便会策马扬鞭，杀将而去。于是他们靠着多年积累的经验，靠着强大的分析能力，靠着勤于思考的习惯，在瞬息万变的人情世故里，长袖善舞。在无处不在的利益追逐里，纵马驰骋。

写作是对生活的“惯常”进行记录，是一次自由无拘的心路旅程，不必依据入世的经验进行讨好、谄媚和辱骂。因为文学是纯净的语言艺术，只有科学研究才是经验范畴内的事物，才更追求演算、推理、结果、对错和成功。文学的创作如若凭借现世的经验，也许能看到些许情景，而实际上，文学的真理必不是志在获得此情此景，定有其他。

写作也需要用哲学的观点来解决态度问题。在西方的哲学思想里，黑格尔的辩证法认为真知不存在于用经验主义来感知的一切。因为现世的经验阻挠了人们对事物普遍性、永恒性做进一步探求的愿望。经验越多，越让人停滞不前，甚至是后退。

我们写作是需要端正世界观、人生观、价值观才能认知世界和思考人生的。我想说，我从来没有，也永远不会凭借入世的经验来解决写作的态度问题，那不是我落笔的初衷。

入世的经验使他们的成功得以佐证，但不是我向他们学习的理由。

老子言：“道，所道非常道。常，道也，知常道为明，不知常道为妄作。”寻得文学的常道必是追求精神深层次的真诚叙述，它必藏于表层生活之后，藏在智者的灵魂深处。

我距离此道远矣。

在所有的动物中我想自己是一尾小鱼，哪怕是斗尺鱼缸中的一条穿着花裙子的小金鱼。一天到晚瞪着大眼睛，不知疲倦地张望着四周，一副思考的样子。不过小鱼也有自己心中的偶像。庄子在《逍遥游》中有这样的一段："北冥有鱼，其名为鲲，鲲之大，不知其几千里也。化而为鸟，其名为鹏。鹏之背，不知其几千里也；怒而飞，其翼若垂天之云。"鲲的气贯长虹，出神入化，常让我这条无名的小鱼思绪激荡。它有气吞山河的英雄之气，有扶摇直上的清扬之风，有壮志满怀的豪情之志。它就是自由的主宰者，是真理的追求者，是精神的引领者。

涸泽之鱼向往江河湖海，向往三千尺深蓝！

幸运的是，写作让一条胸无大志的小鱼有了向往、有了英雄气质，梦想着从现实的鱼缸中翻越出去，到大海中自由摆尾，幸福撒欢！

而真正的"鲲"正在从浅之河岸向深之海底漫溯，穿越山之荆棘向生之有望逡巡，努力跨越水之阻隔向天之悠远，寻找灵魂永生安顿之所！

它是一条多么希望与"鲲"同行的，傻傻的、笨笨的、向海的小鱼啊，它的梦才刚刚开始，永远刚刚开始！

感谢有你

感谢绿色。是浓浓的绿意让我们亲近自然，聆听绿意间鸟儿天籁般的清鸣，让逼仄的现代生存空间有一块心灵的栖息地，让忙于奔波的生命有一个停泊的港口，让干涸、坚硬的人们变得温润清新。

感谢大地。仁慈的大地赐予饱腹的美食。饕餮的美食是人之最爱，是人类创造的物质财富，是上天赐予人类的最伟大的碗里乾坤，生之命脉，存之大智。

感谢雨季。痛快的雨是天空的眼泪，是感伤之人淋漓的发泄，是善感之人多愁的文字，手中执把花纸伞，躲得过雨的浇淋，躲不过心的雨巷，迎面走过来的是期许的绵绵诗意。

感谢飞雪。雪花如漫舞的纤手，洗去风尘。东方皎皎、西方皎皎，大地一片素裹银装，山河俱在一片大自然构造的神奇里，给予我仙境般的梦幻之旅。

感谢生命。生老病死，痛苦喜悦，孤独分享，恐惧坚强，赤条条来去无牵挂。红尘中百转千回走一遭，寂寞里人去楼空入尘埃，聚时有笑语，离时有泣歌。肉眼凡胎，哭亦哭得真实，笑亦笑得陶醉，足矣。

感谢朋友。人生没有什么能够比得上遇一知己，走进彼此内心。有了朋友，生命因此变得不再孤单，无论何时都有他为你接风抑或是送行，还有什么理由不斟满酒、举起杯、畅饮三更呢？

感谢情人。也许有的人一生只爱一个人，也许有的人天生就是一个人见人爱的情种。不管关系明晰或者暧昧，开心或者难过，我们都应该感激，曾有一个人和你身心合一地在一起，温情不在，世界还有何生趣和依恋？

感谢爱情。是你让一棵棵孤寂的树，洒满喜悦的泪水和落寞的星光，如点点繁星，在夜空中彼此照亮，又彼此销蚀，有了爱情的人生才有了活着的暖意和生的厮守。

感谢缘分。恰巧在那时那刻，让我认识了你，不早也不晚，在那里而不是别处，是你而不是别人。张爱玲说，那就是缘分。佛说，那个擦肩而过看你的人，前世你们有缘。至少共处过五百年。我喜欢这个数字，让世界变得熟悉、亲近、美好、不设芥蒂。

感谢亲人。他们是生命中所有的依靠。家既是催我扬帆起航又盼我返航靠岸的地方，无论生命之舟驶向哪里，都深藏着家人的牵挂，你不是孤苦伶仃一个人，是一群人始终与你站在一起，面对这个世界，面对苦难和离殇。

感谢经历。相对于灿烂的历史长河，我如孱弱的小溪，在山路十八弯的坚守里滋养生命的源远流长，翻腾跳跃，唱响普通人的凡歌。

感谢困难。让人时刻有不能懈怠的警示。困难是人生前进的阶梯，进步的诉求，是永远不能握手的战略伙伴。我们既是对立，又是互相斗勇的“伙伴”，既然没有机会握手，那就沙场上一再决高低吧！

感谢残缺。是它们教我懂得残酷和消逝，使我看到现实和冷漠。世界其实就是阴阳合一、善恶俱在、美丑共存的世界，别太天真，别太轻信，既然不完美，那就请接受我宽容的一笑吧！

感谢无眠的黑夜和迟来的黎明。生命因你的存在，被多次唤醒又多次沉睡。是你让花开花谢，让岁月此消彼长，让生命的年轮一年一年地更迭、成熟和死亡，丰盈、永久与安宁。

……

那一季，这一生，我愿作条欢游的鱼。一天到晚不停地游。游是鱼的

呼吸，泳是鱼的四季。而今，新的一旅程，我还可以作那条你熟识或者陌生的鱼吗？怀着感恩的心向你靠近？

一花一世界
一叶一菩提
游是岁月的风致
泳是人生的诗意

感谢有你
此时已在路上
感谢所有
此景已尽收眼底

后　　记

十九岁开始发表散文，后来写电视纪录片、专题片、晚会文稿、剧本，写着写着又回到了散文。想想，人的一生都用来写作，也不过是大几十年，庆幸以文字记录的方式还可以留下点什么。写作于我纯粹是一种生活态度，因为人总要喜欢点什么，思索点什么。尽管，有的人生无所惜，有的人人寡然无趣，有的人趣味怪异。出书的人多少有点自恋，不管三七二十一，将生米煮成熟饭端到读者面前，多少有点强求别人的意思。于是心有惴惴，现在的人如此忙碌，如此痴迷于网络，有人关注你的纸质书籍，实属不易。所以还是：感谢，再感谢！

《心向大海的鱼》多是近年发表过的作品，又添上篇幅较长的几篇新作。书名以鱼自称，希望文字能带领我们探索到生命的真谛。全书文字动笔随性，兴之所至，信马由缰，不成大的体统，因此深感忐忑。

感谢中国散文学会常务副会长、文艺评论家红孩老师的点评和鼓励。

感谢文艺评论家、影视艺术家、作家汪帆老师的真诚指导。

感谢好友赵川、海津、宏玲、秀峰、马慧、富港、洪涛、霄敏、李维的策划支持。

感谢家人，特别是儿子给我安静的写作环境，感谢港城的月光静静地陪伴我写作。

感谢多年来在创作上给予本人许多指导、支持、鼓励的老师们和朋友们。

书中多有不足之处，恳请读者和朋友们批评指正。